戦前日本の「グローバリズム」

一九三〇年代の教訓

井上寿一

新潮選書

はじめに

本書は、一九三〇年代における日本の外交空間の拡大を明らかにする試みである。「戦争とファシズム」の時代の位相をずらす。異文化体験や対外観の視点から一九三〇年代を再構成する。一九三〇年代は、日本にとって、世界がもっとも広がった時代だった。私たちは、一九三〇年代の日本の歴史を手がかりとして、今日と共通する日本の国際化の問題、あるいは〈世界のなかの日本〉について考えることができる。

このような課題設定の仕方にはたとえばつぎの三点のような疑問が起きるだろう。

第一は軍部の介入である。一九三〇年代の日本は軍国主義だった。軍部の政治介入がはなはだしい。体制の軍事化は外交空間の拡大を許さなかったはずではないか。一九三〇年代の日本は、たしかに軍部の政治的な台頭が目立つ。一九三一（昭和六）年九月の満州事変が転換点だった。これには疑う余地がない。

しかし軍部には不得手とする、あるいは無関心な分野があった。それは経済である。「小日本主義」を唱えたことで知られる、自由主義者の石橋湛山（『東洋経済新報』主幹）は、軍部を中心とする「ファッショ」勢力の伸張が対外経済関係に及ぼす影響の少なさを指摘している。「この〔「ファッショ」〕勢力はその特有の非商業的イデオロギーから貿易問題などについては、譲歩してしまって可なりとすとも考えている」。石橋の言うとおりだとすると、一九三〇年代においても、日本の経済外交は軍部から自立して展開することが可能だった。

第二は「ブロック経済」である。軍部から自立して展開できたとしても、そのめざすところは「ブロック経済」体制ではなかったか。なるほどもっともな疑問である。世界恐慌下、一九三〇年代の日本の外交目標は、「東亜ブロック経済」体制（自給自足圏）の確立だったのかもしれない。

実際はどうだったか。自給自足圏は困難だった。日本経済は「東亜ブロック」経済圏内よりもブロック外（欧米、とくにアメリカ）との通商・貿易関係の方が多かったからである。別の言い方をすれば、「東亜ブロック」は、他の地域との経済的な相互依存関係のなかにあった。「東亜」地域に対する日本の投資を拡大する。そのためには外貨が必要だった。外貨はアメリカを中心とするブロック外に対する輸出によって得る以外になかった。一九三〇年代の日本の経済外交は、ブロック外の地域へと拡大していく。

第三は「ファシズム」外交である。満州事変と国際連盟脱退によって、国際的に孤立した日本は、一方では国際連盟や英米と対抗する。他方ではヒトラーのドイツやムッソリーニのイタリアに接近する。このような「ファシズム」外交の展開のなかで、日本は対外侵略を拡大したのではないか。

日独伊三国同盟（一九四〇年）と戦争の拡大の結果からさかのぼって考えれば、そうだろう。ところが日本は独伊と仲が悪かった。第一次世界大戦では敵味方に分かれて戦っている。ヒトラーの有色人種蔑視は周知の事実である。『我が闘争』を読んで確認するまでもない。ムッソリーニも大同小異である。三国同盟は同床異夢だった。対独伊接近は役に立たなかった。それどころか対米関係の決定的な悪化をもたらす。一九三〇年代において対米関係を重視した日本外交は、最後まで戦争回避の努力を続ける。

以上要するに、つぎのような従来の一九三〇年代像は修正が必要である。満州事変と国際連盟脱退によって国際的な孤立に陥った日本外交は、東アジア地域に排他的な自給自足圏を確立し、英米の「持てる国」に対して、「持たざる国」として対抗する。その結果が日中全面戦争からアジア太平洋戦争に至る日本の国家的な破局だった。

対する本書は、三つの観点から一九三〇年代における日本の外交空間の拡大を再現する。

第一は経済外交である。一九三〇年代の日本は通商自由の原則を掲げて、世界大で経済外交を展開する。保護主義に反対する日本は、経済的な自由主義の下で輸出を拡大し、世界市場の開拓を進める。日本の経済外交は、アフリカから中近東、中南米へと地球の反対側にまで拡大する。

第二は対外認識である。一九三〇年代の日本は、対外危機のなかで、かえって国際認識が深まる。たとえば国際連盟脱退問題をきっかけとして、国際連盟の諸「小国」との相互理解が進む。あるいは戦争を奇貨として、国民的な規模で対中再認識論が高まる。経済外交の拡大は地域研究を促す。「南洋」への関心も生まれる。一九三〇年代は「ヒト・モノ・カネ」の交流が活発におこなわれていた。

第三は国内体制の国際的な連動である。「ファシズム国」と「民主主義国」の境界線はあいまいだった。危機を克服するための国内体制の確立をとおして、主要国はイデオロギーのちがいを超えて、事実上、接近していたからである。どの国も類似した「全体主義」的な国内体制を模索する。日本の国内体制も同様だった。

一九三〇年代の日本の選択は、意図とは異なる、正反対の結果をもたらす。そこに働いていたのは歴史の逆説の力学だった。協調と平和を意図しながら、結果は対立と戦争に至る。経済的な自由主義（自由貿易）の追求が自給自足圏（保護貿易）の確立となる。親英米＝反独伊の外交路線は反英米＝親独伊の外交路線に変質する。二大政党制の崩壊後、新しい政党政治の枠組みを作ろうとしたはずなのに、成立したのは大政翼賛会だった。

歴史の進み方はまっすぐではなく、紆余曲折に満ちている。世界的な危機の時代＝一九三〇年代においては、なおさらそうだった。

他方で危機とは好機でもあったことを再確認したい。危機には体制を変革する作用がある。一九三〇年代の危機は、新しい国際・国内体制の構築をめざす大きなきっかけとなった。

別の言い方をすれば、私たちは戦争の多様な側面を観察する必要がある。戦争の惨禍の側面をみれば、不戦の誓いをするのは誰しも同じだろう。すでに二つの世界大戦を経ているではないか。それにもかかわらず、今も戦争は続いている。

人びとは戦禍のなかにあっても、戦争の持つ別の側面に賭けた。日本はこの賭けに負ける。本書は人びとが賭けた動機、あるいは選択の意図を明らかにする。そのうえで意図と結果との大きな隔たりからどのような教訓を学ぶべきかを考える。

歴史の教訓を今に活かす。この観点に立つと、一九三〇年代の歴史からの類推は示唆を与える。新しい国際体制をめぐって、今日、二つの異なる意見が対立している。一方はアメリカ主導の経済的自由主義にもとづく先進国協調である。他方は経済的地域主義にもとづくアジア提携である。この対立の背景には、米ソ冷戦終結後の二〇年以上におよぶグローバリズム対リージョナリズムの相克がある。日本はすでに一度、一九三〇年代において、この難問に直面したはずではなかったか。そうだとすれば、一九三〇年代の歴史は振り返るに値するだろう。

一九三〇年代の日本にはもう一つ、今日と類似する主題があった。それは新しい政党政治の枠組みの模索である。自民党政治の崩壊にともなう政権交代にもかかわらず、新しい国内体制は確立していない。二〇一〇年代は複数政党制に向けての過渡期である。一九三〇年代も同様だった。二大政党制の崩壊後、政党内閣の復活をめざして、政党間提携による国内新体制の模索が続く。

今の政治状況との問題の共通性は、私たちを一九三〇年代へと導く。

これで一九三〇年代の日本の外交空間を探索する道具がそろった。タイムスリップするのは今（二〇一一年）から八〇年前の一九三一（昭和六）年の日本である。

戦前日本の「グローバリズム」　一九三〇年代の教訓・目次

はじめに　3

Ⅰ章　満州――見捨てられた荒野

1　本土の無関心　19

松岡洋右の怒り　対「満蒙」経済アプローチ　張作霖に対する評価　「我国の生命線」　幣原喜重郎外相の反論　協調外交と政党政治の高まり

2　現地居留民と関東軍の危機　31

満洲青年聯盟遊説隊　本土から見捨てられた荒野　張作霖爆殺事件　大陸の在外公館の認識　孤立無援の関東軍　中村震太郎大尉事件

3　満州事変――「満洲」の再発見　41

事変勃発　領有から独立国家へ　大恐慌の怨嗟の矛先　協調外交のネットワーク　政民協力内閣構想　満州国の建国　「王道楽土」の理想とは裏腹に

Ⅱ章　国際連盟脱退とその後――欧州を知る

1　欧州の現実を目の当たりに　59

国際連盟外交　「五人委員会」それぞれの内情　チェコスロヴァキアと日本　常任理事国としての立場　緊迫するジュネーヴ情勢

2　極東における危機と欧州にとっての危機　72

リットン調査団の来日　国内外からのテロの脅威　小国への働きかけと大国の意向　メディアの役割　芦田均「非脱退の論理」　脱退問題へ松岡の努力　「失敗した。失敗した。失敗した」

3　欧州諸国との新しい外交関係の模索　87

その後のジュネーヴ情勢　ドイツとの関わり方　脱退後の欧州外交基軸　ファシズム国家への警戒　海軍軍縮予備交渉　横山正幸の報告　蠟山政道の構想

Ⅲ章　国内体制の模範を求めて

1　「挙国一致内閣」の国際的な連動　107

河合栄治郎の欧米報告　新渡戸稲造の対米広報外交　日米関係、蠟山の結論　近衛文麿のアメリカ印象記　予備交渉決裂が相互理解に　日本の模範国として

2　国家主義のなかの欧米　120

岡田忠彦の欧米視察　星島二郎がみたナチス党大会　ドイツに傾斜する鳩山一郎
伍堂卓雄の評価修正　失業対策と農村救済策　ヒトラーの下での平等　新しい国家
像と生活様式

3　民主主義の再定義　135

英米協調論者の対独伊接近　斎藤隆夫が説く「中道」　対ファシズム国接近　矢部
貞治のヒトラー観　パリでの「デモクラシー」論争　社会大衆党の躍進

Ⅳ章　外交地平の拡大

1　地球の反対側にまで展開する経済外交　151

誤った日本外交のイメージ　「我国として活くるの途」　アフリカ、中南米、非欧米世
界の国へ　「最も遠隔の地」ブラジル　対米関係修復の方策として　バンビー・ミ
ッション　独伊、自給自足圏の壁

2　経済摩擦と国際認識　166

世界経済のブロック化　相互主義の限界　カナダへ通商擁護法の発動　オーストラ
リアでの「日本脅威」論　「印度は英国の生命線」　政治の意思で妥協した日蘭会商
包括的通商政策七つの原則

3　地域研究の始まり　178
東亜経済調査局附属研究所　イスラーム研究の先駆者、大川周明　中国に特化した東亜同文書院　国民の中国理解の促進に

V章　戦争と国際認識の変容

1　日中戦争と「東亜」の創出　191
満州国の「門戸開放」　盧溝橋事件　国内の好戦ムード　トラウトマン工作　「国民政府を対手とせず」　中国再認識論　「支那人をもっと知ろう」　中山優と第二次近衛声明　「東亜協同体」論

2　ファシズム国家との対立　203
日独防共協定　排英運動の高まり　「隔離」演説　ファシズム国へ歩み寄る矢部蠟山政道の対英協調論　行き過ぎた強硬論　「持てる国」対「持たざる国」　対独伊接近の抑制　「東亜協同体」論の挫折　日中戦争解決のための対米工作　独ソ不可侵条約の影響　大政翼賛会の成立

3　「南洋」との出会い　217
太平洋委任統治諸島　正当化する矢内原忠雄　丸山義二が感じた対日感情　二つの

「南洋」旅行記　企画院直属の東亜研究所　「南進」へと傾けた役割　対「南洋」経済的アプローチ　バタヴィアに派遣された小林一三商相　「大東亜共栄圏」の虚構を指摘する　日独伊三国同盟と日米戦争の接近

おわりに 235

南方戦線の現実　敗戦の合理化を図った「大東亜宣言」　そして、戦後構想へ

参考文献リスト 245

あとがき 251

戦前日本の「グローバリズム」　一九三〇年代の教訓

＊引用は読みやすさを優先させた。原則として漢字は新字体・常用漢字に、かなづかいは現代かなづかいに改めるなどの変更を加えた。句読点、濁点を補った箇所もある。なお引用文中に、今日では差別・偏見ととられる不適切な表現がある。しかし歴史資料であることを考慮して、原文のまま引用した。

写真提供＝99、111、141、181、238ページは読売新聞社。21、26、40、64、73、86、108、116、121、126、129、131、137、158、214、219、229ページは毎日新聞社。

Ⅰ章　満州——見捨てられた荒野

1　本土の無関心

松岡洋右の怒り

松岡洋右は怒っていた。見捨てられる恐怖に駆られていた。黙ってはいられない。満鉄（南満州鉄道株式会社）副総裁の職を辞した松岡は、一九三〇（昭和五）年に政友会の衆議院議員となる。翌年初頭から「満蒙は日本の生命線」キャンペーンを始める。

松岡は「満蒙」問題に対する本土の「無知識」、「冷淡」を激しく非難する。

「何たる暢気さであるか、何たる冷淡さであるか。これで何処に口を開けば抑も《そもそ》満蒙は我が国の死活問題であるとか、やれ日本国民の経済存立上必須条件であるとか言う資格があろうか。誠に呆れ果てざるを得ないではないか。大凡そ其国の死活問題にして、且つ日本が満蒙に於て払うたような巨大なる犠牲を払い、絶大なる努力を為した地域に就いて、斯く日本国民の如く無知識であり冷淡である国民は、日本以外には世界中にないのである。我が国民が何故に斯く満蒙に対し、無知識であり、且つ又冷淡であるのであるか」。

松岡が強調する「満蒙」とは、満州（中国東北部）と内蒙古（内モンゴル）を指す。日本は日露戦争後のポーツマス講和条約（一九〇五年）と欧州大戦中の二一条要求（一九一五年）によって、この地域に特殊権益を獲得した。その主な権益は、旅順・大連の租借権、満鉄、満鉄付属地である。一九一九（大正八）年には満鉄とその付属地を防備するために、関東軍を創設する。

旅順・大連は遼東半島の先端に位置する。旅順は不凍港で、大連（今の杉並区・世田谷区・大田区をあわせたのと同じくらいの広さ）は港湾都市である。「満蒙」特殊権益とはいうものの、その具体的な内容は、遼東半島のなかでも先端部分の旅順と大連、一〇〇〇キロにも満たない満鉄程度だった。中国大陸全体はもちろん、「満蒙」地域においても、日本の特殊権益はわずかな土地の租借権と鉄道路線一本にすぎない。在満邦人は満州全人口の一パーセントに満たなかった（加藤聖文『満鉄全史』）。

その「満蒙」特殊権益の一つ、満鉄は、二つの理由から赤字経営が続いていた。

一つは中国ナショナリズムである。大陸では、清朝中国崩壊後の軍閥割拠のなかから蔣介石が抜け出して、統一を成し遂げる。蔣介石を駆動した中国ナショナリズムは、国権回収運動を展開する。最初は不平等条約による治外法権の撤廃と関税自主権の獲得である。つぎに国権回収運動の対象に「満蒙」地域が含まれるのは時間の問題だった。中国側は複数の満鉄平行線（一九二七、二九年開通）によって、満鉄に対抗していたからである。満鉄は平行線との競争に敗れつつあった。

　もう一つの原因は世界恐慌である。満州の農産物価格が暴落していた。満鉄の輸送する農産物も激減する。一九二九年の営業利益四五五〇万六〇〇〇円に対して翌三〇年は半減の二一六七万三〇〇〇円、三一年には一二五九万九〇〇〇円にまで落ち込む。満鉄は経営不振に陥った。

　本土は「満蒙」権益を守る気があるのか。この無関心はどうしたことか。松岡は見捨てられる不安のなかにいた。苛立つ松岡は、危機感の扇動と世論の啓発のために、ラジオのマイクの前に立って、国民に訴えた。「満蒙は我国の生命線である……日本が満蒙より退却する時は日本が衰亡に赴く時である」。松岡は認める。「生命線云々は主として国防上の見地に基く主張であります」（一九三一〈昭和六〉年五月二〇日のラジオ放送演説）。この一節を読めば、松岡の「生命線」論は、安全保障上の観点からの対「満蒙」軍事的膨張論と解釈できる。

「満蒙は日本の生命線」松岡洋右（1932 年時）

対「満蒙」経済アプローチ

この解釈は松岡からすれば誤解である。松岡は領土的な野心を明確に否定する一方で、対「満蒙」経済アプローチの重要性を強調していたからである。「私は決して領土的に之を取れなどとは云うのではなく、ただ我が製品の市場として、経済的の意味に於て之を確保しなければならないと云うのであります」。松岡の主張の要点は、「満蒙」の経済開発にあった。「要するに満足なる満蒙の開発と安定とが、やがて東亜全局の安定を保証するものであって、満蒙問題の解決の出来ざる限り東亜全局は動揺不安を免れぬのであります」。

松岡は「生命線」論が「主として国防上の見地に基く主張」だと認めつつ、「我国の経済存立上にも其将来を考えます時に同様の主張をなさなければならないのであります」と断言した。「満蒙開発の大業を遂行する」ことこそが松岡の「生命線」論の核心部分だった。

張作霖に対する評価

松岡が繰り返し「満蒙」の危機を国民世論に訴えた背景には、もう一つの困難な状況があった。松岡は三年前に対「満蒙」政策の基本的な前提を失った。「満蒙」の危機とは、松岡の対「満蒙」政策の危機のことだった。三年前に何が起きたのか。張作霖爆殺事件である。

満鉄時代の松岡は、「満蒙」地域を支配する軍閥の張作霖との提携によって、「特殊権益」の維持・拡大を図っていた。

松岡は張作霖を高く評価する。「張作霖氏は別に学問もなかった人であるが、併《しか》し大局は割合によく見える人であって、満蒙に於て大抵の事は日本とよく諒解提携して行かねばならぬものであると云う大本ははっ切り把握していた」。同じ外交官出身でも吉田茂とは大ちがいである。欧米協調主義者の吉田は、遅れた野蛮な東洋の国＝中国を象徴する張作霖を嫌った。

対する松岡にとって、張作霖は日中提携の政治的なパートナーだった。松岡は張作霖を惜しんだ。「張作霖氏健在であるならば、少く共今日の満蒙の行き詰り状態の如きは余程緩和されて居ったであろう、而してそれが日本のために、且つ支那のためにも好いことである」。

「我国の生命線」

松岡は民政党内閣の外交責任を追及するべく、立ち上がった。「今日迄我国の取り来たった態度は寧ろ控え気味であったと思う程であるに拘らず、現在我国の満蒙に於ける外交は更に気合負けと位負けをして居る。これを建直さなければ駄目だと云うのが私の主張である」。

松岡は一九三一（昭和六）年一月の議会を舞台に、「満蒙」の危機を訴えながら、幣原（喜重郎）外交批判を展開する。「何処の国でも此生命線と云うものがある。其生命線を退却したときは其国が衰亡に向うのであります。（拍手）私共は満蒙問題を、唯満鉄と云うものだけを保護すればよい、二十万の在留同胞を守護すればよい……そんな小さな事に考えて居らぬ。経済的にも国防上でも之は日本の生命線であります。此満蒙に付ては今少し私共は力を入れて貫いたい」。「満蒙は我国の生命線」である。松岡の議会演説の一節は、この年の流行語となるまでに本土で一挙に広まる。松岡のパフォーマンスは本土の眠りを覚ますことに成功する。

「満蒙」の危機にどう対応すべきか。松岡は、従来の松岡像からは想像しにくい、「満蒙」問題の意外な解決策を考えていた。

第一は外交交渉による解決の徹底である。松岡は幣原外交の「気合負け」、「位負け」を批判する。しかし「斯く云うからとて拳固で行けと云うのではない。拳固を振回す者は却って卑怯者である」。松岡は軍事的な手段による解決を否定した。

代わりに松岡は日中親善を強調する。「支那人を威嚇せよと云うのではない。私は二十七年間支那人と往復交渉した関係より充分彼等を理解し、真に衷心より彼等の利益を増進せんとして居る点に於ては何人にも譲るものでない。例えば支那に於ける治外法権撤廃、関税増収等に就いても、日本人で最初にこれを唱えたものは私であったと思う。こう云うこと、又私の考え、態度は支那の友人達のよく理解して呉れて居る所である」。松岡にとって「満蒙」問題の解決は、日中の対等な関係が前提だった。

第二は経済的アプローチの重要性である。「満蒙は生命線」との勇ましいスローガンとは対照的に、松岡が求めたのは日中提携による「満蒙」開発だった。経済的な相互依存関係の構築によって「満蒙」問題を解決する。経済合理性を重視する松岡のアプローチは、日本からの満州への移民を否定する。「満洲と雖も、日本移民に対してはけ口を提供するものではない。苛酷なる同地方の気候が日本人に適しないと云うことと、日本人が殆んど信じられぬ程低い生活標準を有する支那農民を対手にして、満洲の主要農産物に関する限り、農業方面で大規模に競争することなどは、殆んど問題外であるからである」。

松岡にとって満州は、本土の過剰人口のはけ口ではなく、〈市場〉だった。〈市場〉とは、満州が原料供給地であると同時に、日本商品の主要な輸出先の一つであることを意味する。松岡は断言する。「日本は満洲に対して『政治的野心』を抱いていない」。なぜならば日本は、満州に対する中国人の移民を奨励すべきだからである。中国人移民が一人増えれば、「日本の輸出工業品に対する有望なる購買者一名を加えるものである」と松岡は言う。

要するに松岡は、満鉄の組織利益を擁護するとともに、政友会の基本路線である産業立国論の立場に立っていた。別の見方をすれば、松岡は貿易立国論の民政党とは意見を異にしていたものの、対中国経済的アプローチという点では変わりがなかった。これは間接的に松岡の立場と軍部（とくに関東軍などの現地軍）の立場との対立関係を示している（この点はすぐあとでふれる）。

幣原喜重郎外相の反論

以上のような「満蒙の危機」を訴える松岡が直面したのは、若槻（礼次郎）内閣の閣僚の強力な布陣だった。なかでも幣原外相は、練達の職業外交官のキャリアを十分に活かして、日本外交

右端が若槻禮次郎首相、三人目が幣原喜重郎外相

における もっとも正統的な対欧米協調外交路線の立場から、反論を展開する。「民国〔中国〕に対する政策の問題に関して、或は軟弱であるとか、無能であるとか云うような御言葉もありましたが、今日の複雑なる関係に於て、一つの外交方針を軟弱とか無能とか云うような簡単な言葉で、之をそう簡単に片付けられることが出来ないものであると云うことは、松岡君も御承知の筈であります」。

幣原の答弁は自信に満ちていた。「御承知の如く鉄道問題などを解決しようと致しますれば、一般の空気が少し有利になって居なければなりませぬ。私等が一昨年局に就きました時に、満洲に於て一般の日支間の空気がどれだけ悪かったかと云う事は能く御承知の事であります。……私は其原因が何だとか云うことは申しませぬ。兎に角空気が非常に険悪であったと云うことは御諒承を願いたい。(拍手) 其悪い空気の裡に於て何をやろうと思ったって話は纏まるものではありませぬ。……それ故に空気を改善することが何よりも必要なことであります。……此空気に依りまして吾々は、率直に正直なる考を以て、互に所謂共存共栄の基礎に基いて、此問題の解決をやるのが、吾々の今努力して居る所でありまして、此問題の発展に付きましては、もう少し経過を見て戴きたいのであります。(拍手)」。

幣原は日中関係の悪化の原因が明らかだからこそ、「其原因が何だとか云うことは申しませぬ」と述べている。松岡の属する政友会の田中(義一)内閣時代に何が起きたか。山東出兵、張作霖爆殺事件によって日中関係を悪化させたのは政友会内閣だった。松岡は「あなたは相手の空気の改善を待つ、是は私も同感であります」と譲歩した。

協調外交と政党政治の高まり

民政党内閣の閣僚が皆、強気の答弁で松岡に攻勢をかけることができた背景には、協調外交と政党政治の高まりがあった。

日中間の外交関係は修復に向かっていた。蔣介石の国民政府は、幣原外交の再登場を歓迎した。中国側は幣原外交と田中外交を明確に区別していた。それは幣原外交＝南京の「感謝」対田中外交＝済南の「怨恨」のちがいだった(鹿錫俊『中国国民政府の対日政策』)。

清朝中国の崩壊後、中国の統一をめざす蔣介石は北に向かう(北伐)途上、軍事衝突を起こす。列国の権益が危機に瀕する。一九二七(昭和二)年、南京で事件が起きる。国民党軍が外国の領事館を襲った。物的被害や犠牲者が出た。その時の外相幣原は、内政不干渉主義に徹して、列国の共同軍事介入に加わらなかった。対する田中外交は、三度、山東出兵をおこなった。蔣介石の国民政府の心情は、幣原への「感謝」、田中への「怨恨」だった。

政友会の田中内閣から民政党の浜口（雄幸）内閣への政権交代にともなう幣原外交の再登場は外交関係の修復の機会をもたらした。

その具体的な成果が日中関税協定（一九三〇〈昭和五〉年五月）である。日本はこの協定によって、中国の関税自主権を認めた。日中間の不平等な外交関係が是正される。日本側からみた場合、不平等条約改正の過程は容易なものではなかった。対応を誤れば、不当課税の問題など、日本の通商・貿易関係に打撃を及ぼすおそれがあるだけでなく、そのさきに中国による「満蒙」権益の回収があったからである。

交渉当事者に対する重圧は並大抵ではなかった。幣原は困難な外交交渉を成功に導くために、側近中の側近、佐分利貞男を駐華公使に起用する。佐分利は関税協定に関して思い切った譲歩をする代わりに「満蒙」権益を守ろうとした。しかし交渉は難航する。佐分利は幣原の本省と中国側との板ばさみになったからである。幣原は関税協定交渉を列国協調の観点から進める考えだった。他方で現地情勢を背にした佐分利は、たとえ列国協調が乱れるようなことがあっても、日中二国間での解決をめざした。

本省と中国の両方からの圧力に耐えかねた佐分利は自死する。佐分利の死は両国を交渉の急速な妥結へと向かわせる。日中関税協定は、大きな犠牲を払ってようやく手にした日中提携の成果となった。

日中関税協定の成立過程は、日本の外交当局が在「満蒙」日本人勢力（日本人商工業者など）を切り捨てていく過程でもあった。中国本土との自由貿易による日中相互利益の拡大の観点から、日本側の交渉当事者が「満蒙」問題で思い切った譲歩をしたからである。蔣介石の北伐にともなって悪化した日中関係は、日中関税協定によって、修復に向かう。日中関係の修復は在「満蒙」日本勢力を犠牲にした。

日中関税協定が成立した一九三〇（昭和五）年は、日本の協調外交が頂点に達した年だった。この年、ロンドン海軍軍縮条約交渉がまとまったからである。日米英三国は、個別に困難な国内事情を抱えながらも、条約成立に全力を傾けた。三国は協調の絆を強める。いかに困難な問題であっても、協調の精神をもって解決に当たる。ロンドン海軍軍縮条約交渉は、軍縮だけでなく、より大きな成果（協調の精神の共有）を上げることができた。

日本では政友会がロンドン海軍軍縮条約を批判していた。松岡もそうである。松岡は軍縮条約交渉における対米譲歩とアメリカの排日移民法の緩和とが取引されたのではないかと疑った。松岡の議会質問に対して幣原は「交換的に取扱ったような話合があったと云うことは事実全くありませぬ」と否定した。

事実は幣原の言明のとおりといってよい。他方でロンドンの協調の絆がアメリカに排日移民法の修正を促したこともたしかだった。スチムソン国務長官は出淵勝次駐米大使に対して、「アメリカの世論も非常に好転してきたので、近いうちに移民法の修正の問題にとりかかりたい」と語っている。一九三一（昭和六）年九月一七日のことだった。

浜口・若槻と続く民政党内閣は、戦前日本の政党政治の到達点である。民政党内閣の下で、武官に対する文官の統制が確立していた。

若槻内閣のシビリアン・コントロールを物語る挿話がある。一九三一（昭和六）年七月のある日の閣議終了後、若槻首相は小磯（国昭）陸軍軍務局長を呼んで話をさせた。席上、小磯はソ連の軍事的脅威を強調した。「軍事的に見れば、軍備の充実、東方への進出という風な気勢も窺われる。なにしろその計画のために、五箇年間に九百億マルク《「ルーブル」カ》、年に二百億マルク《「ルーブル」カ》という厖大な予算を、計上しているくらいである」。

井上（準之助）蔵相が専門家の立場から嫌味な質問をぶつける。「一体ロシアの現在の状態で、年に二百億マルク《「ルーブル」カ》も使うというには、その金がいかにして出て来るか、どこから調達して来るか」。「それは判りません」。小磯は答えられなかった。

軍務局長をからかうような質問は幣原からも出た。幣原は小磯が示した図（五年間にソ連が一三億円、対する日本は一億円の軍事費）について、「一体この円単位は、いかなるスタンダードから割出したのか」と疑問点を指摘した。小磯はこれも「何等答えることができなかった」。閣僚の間に陸軍に対する不審感が広がる。陸軍省に戻った小磯は「甚だ失望の態」だった。

2　現地居留民と関東軍の危機

満洲青年聯盟遊説隊

四面楚歌の状況のなかにいた在満州日本人居留民は、見捨てられる悲哀をかみしめていた。つぎに引用するのは「昭和六年度初頭に於ける在満邦人の偽りなき姿」である。「今日では支那官憲から顚覆され剰《あまつさ》え敵人扱を受け、日本内地人からは産業上にも政治上にも差別待遇を受け、帰るに家なく、働くに商売もなく、今は只鰻の寝床の如き満鉄附属地及関東州で自己の貯金を寝して居る次第である」。

このような境遇の在満州日本人居留民は、幣原外相の自信に満ちた国会答弁に対して、強く反発する。なかでも幣原のつぎの発言は、現地居留民を激高させた。「在満同胞は徒らに支那人に優越観を以て臨み、且つ政府に対し依頼心を有する事が、満蒙不振の原因である」（一九三一〈昭和六〉年三月の貴族院）。

自分たちが名指しで非難されたとあっては、黙っているわけにはいかなかった。彼らは全満州日本人自主同盟を組織する。同組織は本土の日本人に対する不信感をあらわにした。「今の日本人は何を考え居るや、将又満洲に於ける日本人の気魄は如何」。

もう一つの団体、満洲青年聯盟は、本土の日本人に自分たちの危機感を訴えるために、内地遊説隊を組織する。満洲青年聯盟とは、「満洲」を見捨てて帰国する居留民の増大に対する不安から、一九二八（昭和三）年に結成された民間団体のことである。

満洲青年聯盟の遊説隊は、一九三一（昭和六）年七月から八月にかけて、演説行脚をおこなう一方で、民政党の若槻内閣の主要閣僚と会見の機会を得る。幣原の対応は冷たかった。「諸君も只だ徒らに新聞の報道や一部の人の悪宣伝に迷わされぬよう」にと釘をさした。

彼らは財界の説得にも努める。困難を極めたのは「満蒙放棄論」を主張してちゅうちょしない関西財界の態度を変えさせることだった。説得は不調に終わる。本土では「満洲はどうでもよい」と思っている。そう考えるしかなかった。

遊説隊一行は本土の世論の啓発に失敗した。帰還後の報告会において、代表の一人が言った。「何れだけの効果を収め得たかと問われると直にお答えする事は出来ない……我々の効果は言明し得ない」。

遊説隊に対する無理解は、その後も続く。塚本（清治）関東庁長官は、あいさつに訪れた一行に冷笑の言葉を投げつけた。「諸君は内地に行って景気の好い演説をして来たそうだネ、針程の事を棒程に論じたのではないか」。在満州居留民の立場を守るべき植民地統治官庁の長官からも見放された。彼らは落胆した。「実に心外に堪えなかった。涙なくして聞く事は出来なかった」。「傍観黙視する」か「窮境に陥って自滅する」か。彼らは前途を悲観するほかなかった。

本土から見捨てられた荒野

「満洲」のイメージは悪かった。ある回想によれば、戦前昭和の子供たちにとって、「満洲」は馬賊が支配する荒れ果てた大地のことだった。本土の少年たちは馬賊を恐れると同時に憧れを抱いた。「馬賊は人を殺すことなど何とも思っていない」。この話はこわかった。他方で「大きくなったら、満洲に行って馬賊の頭目になる」と大陸のロマンを夢想する少年もいた。

少年たちが子供心にわからなかったのは、そのおそろしい馬賊と深い関係を持つ日本人がいたことである。彼らは「満洲浪人」、「支那浪人」と呼ばれる、「カネまわりのよい奇妙な日本人」だった。子供に問われて大人は答える。「いや、ありゃな、日露戦争のとき、彼らを使ってロシア軍の背後を襲撃させたりしたからさ。それ以来のつきあいなんだ」。「満洲」は、このような得体の知れない日本人や馬賊が跳梁跋扈する、「戦国乱世」の土地だった。「まじめな満洲帰りの人」の言葉が子供の耳に残る。「満洲へ行くと、ああなるのさ。あの国にいると、ああいうことを平気でやる日本人も出てくるからな」。

要するに「満洲」は「昭和のはじめの普通の庶民生活をしている者にとっては別世界」だった。このような「満洲」イメージを持つ本土の日本人からすれば、満洲青年聯盟の遊説隊に対する冷ややかな対応の理由もよくわかる。誰が好き好んで、わざわざ平和で豊かな本土から「満洲」へ移り住むものか。一九三一年の段階で、在「満」日本人約二三万人、そのうち農業移民は一〇〇〇人に満たなかった。「農業移民を吸い寄せるだけの魅力をもちえなかった」「満洲」は本土から見捨てられた荒野だった〈山宝信一『キメラ』〉。

同時代の「満洲」イメージには根拠があった。この地域を支配していた張作霖は、中国の地方軍閥である前に馬賊だった。その張作霖は、一九二七年に北京で「大元帥」の地位に就く。馬賊の頭目を「大元帥」に戴く中国国民に対する侮蔑感情が広がる。

他方で地方軍閥が割拠する、清朝崩壊後の中国は、日本にとって制御しやすかった。大陸中国を軍閥が割拠する、政治的・軍事的・社会的に脆弱な状態にしておく。これが日本の大陸政策の主要な目標だった。「満洲」を支配する張作霖に対しても、この観点から軍事顧問団の派遣による間接的なコントロールや直接的な懐柔工作を展開する。

張作霖爆殺事件

張作霖政権をめぐって混沌とした状況が続く。現地軍の間でも意見は対立した。張作霖を嫌悪する関東軍高級参謀河本《こうもと》大作は、爆殺計画を実行する。張作霖の特別列車が爆破される〈一九二八〈昭和三〉年六月四日〉。張作霖は命を落とす。この列車には日本人の軍事顧問が同乗していた。間一髪のところで助かった一人の軍事顧問が言った。「俺が乗っていることはわかっているのに、吹き飛ばすとはひどいやつらだ」。「満洲」は謀略の大地だった〈澁谷由里『馬賊で見る「満洲」』〉。

在満州日本人居留民は、現地における彼らの振る舞いゆえに、同じ大陸の日本人からも嫌われていた。たとえば上海の日本人居留民はつぎのように非難する。「世界三大国の一など大きいことを云うくせに、満鉄の大きい庇護なくしては存立し得ない民族のようにも満州では見えている」（小池聖一『満州事変と対中国政策』）。

大陸の在外公館の認識

上海などの居留民以上に、彼らを批判して止まなかったのが在外公館の外交官たちである。奉天総領事林久治郎は在満州日本人居留民による満州経営の問題点を指摘して、彼らへの不信感をあらわにしている。

林によれば、「満洲」には満鉄以外にこれといった企業はなく、居留民の数も頭打ちである。満鉄附属地に逼塞する在満州日本人居留民の多くは満鉄従業員と官公庁役人、その家族であって、貿易業者や起業家は少ない。彼らは現地の中国人に対する優越感がはなはだしい。しかも政府への依存心が強いため、現地社会に溶け込んで、自力で起業する計画も勇気もない。

過去二〇年間で「満洲」は飛躍的に発展した。多数の中国人が移り住み、人口は三〇〇〇万人に膨れ上がった。これは日本の経済開発の結果だったのか。そうではなかった。万里の長城より南の中国本土における軍閥間の内戦状況と比較すれば、「満洲」は馬賊出身の張作霖、張学良の巧みな統治によって、平穏が保たれていた。そうだからこそ、「満洲」は発展した。林は以上のように分析している（加藤『満鉄全史』）。

大陸の在外公館の外交官は皆、林と同様の認識を持っていた。一九三一（昭和六）年四月に在山東領事館で開催された会議では、現地居留民への批判があいついでいる。彼らは「官憲に対する依頼心強く」、「射倖心旺盛」である。彼らが提出する陳情書は「不真面目のもの多」い。

この領事館会議は大陸への経済発展を重視する。そのためには日中協調関係が必要だ。協調関係の確立を損なっているのは、現地の日本人居留民である。このように批判して、山東領事館会議は反省を促した。「我国民の対中国人観念及態度に於ても大いに反省を要するものあるべし。殊に軍政時代の関係にて今尚中国人を劣等視する風ある当方面在留邦人の観念及態度には大いに改善を要するものあり」。

日中の外交当局は、日本側が在満州日本人居留民の要求を抑え込み、中国側が国権回復の「革命外交」を抑制することで、経済的な相互依存関係の構築をめざしていた。こうして本土から見捨てられた在満州日本人は不満を募らせ、不安に駆られていた。

孤立無援の関東軍

追い詰められていたのは在留邦人だけではなかった。関東軍もそうだった。陸軍の仮想敵国はソ連である。関東軍はソ連と国境を接する満州において対峙していた。しかも蔣介石の北伐の進展にともなって、この地域にも中国ナショナリズムが波及する。

ソ連の軍事力と中国のナショナリズムの間にはさまれて、関東軍は脆弱だった。満鉄の守備隊に過ぎない関東軍の危機感は、本土からはわかりにくい。陸軍中央から関東軍参謀として現地に赴いた中野良次は驚いた。「よくも此の無理な状態で今日迄重大事件が発生しないで済んで来たものだ」。「無理な状態」とは「満鉄と云う幅四、五十米長さ一千有余粁《キロ》にも及ぶ延長物体たる不可侵地帯が外国の領土内に現存する」ことを指す。中野は中国側の立場に立って考えてみる。「自分の庭の真中に一杯に亙る手の附けられない他人の土地があったとしたらどうであろうか……我慢して居れと要求する側に寧ろ無理がある」（『現代史資料11』）。関東軍は、ソ連の軍事力と中国のナショナリズムの圧力によって、押しつぶされそうだった。

関東軍を追い詰めていたのは、ソ連の軍事力や中国のナショナリズムだけでなく、本土の政党勢力もそうだった。以下では陸軍中佐だった鈴木貞一の談話速記録にもとづいて、陸軍と政党の関係を再現する。

なぜ鈴木に注目するのか。日本の大陸政策を事実上、決定していたのは陸軍中堅層だからである。鈴木は陸軍中堅層を代表する人物だった。現地軍と連携する鈴木は、陸軍中央の意思決定を左右するようになる。「日本の政治家が国防問題については余りにも無関心であるという事」に憤慨していた鈴木は政党政治を嫌った。「政党不信は結局やっぱり疑獄とかそういう事から出たわけですが、それにもまして選挙におけるいわゆる民政党、政友会が敵味方になって争うという事、この分裂状態というものが、国家の安全保障を考えている軍人の目から見ると耐えられない」。

鈴木は「一定の、満州に日本の政治的な権威を確立して、且つ、日本の国防の基盤にして、人口の排け口にするという様な事」を考えていた。この「満州」構想を実現するためには、「国際情勢」も「国内の動き」も視野に入れなければならなかった。

ところが外にあってはソ連と中国、内にあっては政党勢力が関東軍の前に立ちはだかっていた。関東軍は八方塞の状況に陥っていた。

関東軍が国内においても孤立無援だったのは、関東軍の軍事的な危機意識が説得力に欠けていたからである。さきに引用した、小磯軍務局長が幣原外相と井上蔵相にやり込められた挿話の示すところは、関東軍の場合も同じだった。鈴木は「ロシアの国力ないし国防力の伸長の度合、その後の伸長の度合をどの程度に判断されましたか」との問いに対して、率直に答えている。「その当時においてロシアの情報がはっきり入っていないからそれは分らない」。あるいは一歩、踏み込んで「その当時のロシアに対する我々の国力判断は大したことはないと考えておった」という。これでは安全保障問題に無関心な国内の政党勢力を説得することは無理だったにちがいない。

中村震太郎大尉事件

関東軍の危機感が本土に伝わらない。そのような状況のなかで、事件が起きる。一九三一（昭和六）年六月の中村（震太郎）大尉事件である。参謀本部員中村は、対ソ戦用の兵要地誌調査のスパイ活動をおこなう目的で、変装して北満州の日本人立ち入り禁止区域に足を踏み入れた。中村は現地到着後、消息不明となる。その後、八月になって真相が明らかになる。すでに六月末、張学良軍の兵士が中村を射殺していた。事件は日中関係を緊張させる。中国では排日ボイコット運動が起きる。日本では一部の新聞が強硬論を主張するようになる。

関東軍がこの機会を見逃すはずはなかった。「軍部の威信を中外に顕揚して国民の期待に答え満蒙問題解決の端緒たらしむる為絶好の機会なり」。関東軍にとって、たとえば『東京朝日新聞』（九月八日）のつぎのような強硬論が追い風となったはずである。「満蒙問題の解決の如き、遺憾ながらこれが解決は平和裡には期待されぬかもしれない」。

外務省の立場は明確だった。早期の現地解決主義である。現地の在外公館は、すでに不穏な動きがあることを察知していた。この年の二月、奉天総領事館は、瀋陽に入った日本人浪人二人に尾行をつけて厳重に警戒し、河本大佐が匿名で奉天に滞在中であることを把握している。幣原外相は林（久治郎）奉天総領事に、中村大尉事件をめぐって中国側に責任者の処罰と日本に対する謝罪・賠償などを要求する一方で、この事件の早期解決を図るように指示した。

陸軍中央も外務省の基本方針を支持する。「本件を以て満蒙問題解決の契機となすことなく又調査の為我兵力を使用することとなし」。外務省と陸軍中央の協同歩調が関東軍のねらいを封じ込めた。

中国側も日本側の要求を受け入れて、事件の早期収拾を図る。そのため九月上旬の段階では、現地の在外公館は排日ボイコット運動の収束の見込みを伝えている。「一般輿論殆ど鎮静に帰し

関東軍を主導する中心的人物だった石原莞爾
（1933年時）

たる今日是以上活動の余地なかるべし」（小池『満州事変と対中国政策』）。

　当時、関東軍を主導する中心的な人物は石原莞爾中佐だった。石原は事実上、関東軍を代表して、陸軍軍事課長永田鉄山大佐に書簡を送って抗議した。「今回の中村事件に就き軍の意見中央部の採用する所とならざりしは誠に残念に御座候」。石原は外務省主導による事件の解決を非難する。「外務当局の厳重抗議により迅速に事を解決するが如き全く一の空想に過ぎず。若も此の如きこと可能ならば数百の未決事件総領事の机上に山積する訳なく従て今日喧しき『満蒙問題』なるものは存在せざりしこと明なり」。

　しかし、現に事件が早期に解決したことの事実は重い。石原といえども、譲歩と釈明を余儀なくされた。「如何に無謀なる関東軍司令部と雖独乙の山東に於ける如く中村事件を以て直接に満蒙占領の口実となさんとするものにあらず。其辺は御安心を乞う」。中村事件にもかかわらず、東京の政府は外務省と陸軍の連携によって、現地軍の抑制に成功した。

3 満州事変――「満洲」の再発見

事変勃発

対ソ戦の戦略的拠点・軍事的資源供給地としての満州の排他的な確保をめざす関東軍にとって、内外情勢はきびしかった。ソ連は着々と五カ年計画によって国防の充実を図っているようにみえた。中国ナショナリズムは満州への国権回収に波及しつつあった。他方で本土では、民政党内閣の下で外務省と陸軍中央の連携が確立していた。

孤立無援のなかで焦燥する関東軍は陸軍中央に反問する。「満蒙問題解決国策遂行は急速を要す。急速解決は勢い露骨ならざるを得ず。往時露骨を避け漸次主義を採用し来りて何等得るところ無かりしにあらずや」。

陸軍中央は動かなかった。それどころかすでにみたように、中村大尉事件をめぐって、外務省との連携によって関東軍を抑制した。この事件の収拾過程は、関東軍をさらに追い詰める。「好機会の偶発を待つは不可なり。機会を自ら作るを要す」。ここに関東軍は謀略によって、「満蒙問題」の「解決」を決意する。一九三一（昭和六）年九月一八日の夜一〇時すぎ頃、関東軍は奉天郊外の柳条湖付近で満鉄の線路を爆破した。

東京の政府にとって、これはまったくの不意打ちだった。幣原外相が事件を知ったのは、翌日の朝、新聞をみた時である。幣原は朝食を途中でやめて、すぐに霞ヶ関へ向かった。陸軍中央も新聞で初めて事件を知った。参謀本部第二課の九月一九日付の日誌はつぎのように記している。「昨夕退庁時までは何等異変突発の兆なく部員の多くは今朝の新聞記事に驚かされて出勤す」。

一九日朝、閣議が開かれる。議論に先立って、関東軍の謀略であることを確信する若槻首相は、南（次郎）陸相に質した。「関東軍今回の行動は支那軍の暴戻に対し真に軍の自衛の為に執りたる行動なりや」。南は「固より然り」と答える以外になかった。

閣議は終始、幣原外相のペースで進む。幣原は客観的に淡々と各種の情報に関する電文を読み上げていく。関東軍とは特定しないものの、客観的な情報の提示をとおして、幣原は「今回の事件は恰も軍部が何等か計画的に惹起せしめたる」ことを示唆した。幣原の「電文朗読並に口吻」を聞いた南は、「意気稍々挫け閣議席上の空気に処して今朝鮮軍より増援することの必要を提議するの勇を失」った。

領有から独立国家へ

関東軍は勢い込んで出動したものの、増援を得ることもできずに立ち往生するおそれが出てきた。ここで石原は大きく方向転換を図る。石原は本来、「満蒙領有」論者だった。ところが事件発生のわずか四日後には、「九月二二日案」へと後退する。これは「満蒙領有」＝植民地支配から「満蒙独立国家」案への転換である。「我国の支持を受け東北四省及蒙古を領域とせる宣統帝を頭首とする支那政権を樹立し在満蒙各民族の楽土たらしむ」。

関東軍の幕僚は、方針転換に至った経緯を「本意見は九月十九日の満蒙占領意見中央の顧る所とならず、且建川少将すら全然不同意にて到底其行われざるを知り、万こくの涙を呑んで満蒙独立国案に後退し、最後の陣地となしたるもの」と説明している。

この大胆な転換は石原たちの現実主義的な決断の結果だったのか。鈴木貞一によれば、実情はちがった。鈴木は合理的で具体的な計画の存在を否定する。なぜならば「満蒙問題」の解決を「どういう順序でどういう様に進めて行くかという事」は、国内外の情勢から大きな影響を受けるからである。

対する東京の政府は不拡大方針を徹底する。若槻は二六日の閣議で「宣統帝を頭首とする支那政権」の樹立工作への関与を否定した。これを了承した南は、関東軍に「厳にこれを禁止す」と訓電する。

大恐慌の怨嗟の矛先

関東軍にとって、形勢は予断を許さなくなった。東京の政府が巻き返しに転じただけではない。事件の勃発前までの支持者が離反する。そのおそれが出てきた。

たとえば松岡である。松岡も幣原と同様に、柳条湖事件を翌日の新聞で知った。松岡は驚き落胆した。これですべての努力が無に帰すことになったからである。松岡は九月一九日の早朝から著書の校正にとりかかっていた。そこに新聞が配達される。「眼を見張った。が、次の瞬間に力なく校正の赤鉛筆を放り出して、吾れ知らず頂垂れた。外交は完全に破産した。……砲火剣光の下に外交はない、東亜の大局を繋ぐ力もない。休ぬるかな」。外交によって「満蒙問題」を解決する。関東軍による柳条湖事件は、松岡のシナリオを根底からくつがえした。

政友会のなかで、松岡以上に「満蒙」の危機意識を抱く、強硬論者の森恪《つとむ》ですら、謀略による軍事行動の拡大までは考えていなかった。森の政治的なパートナーだった鈴木貞一によれば、森の考えはつぎのとおりだった。「満州問題が起った時にも、彼は永久に軍で占領しようという考えはない。早く一ぺんまた引き下げて、また起こったらまた出す、しょっ中こういう作用をしているほうがいい。やっぱりこれは政治家ですよ」。

関東軍の謀略による「満蒙」全域の軍事的確保と、森の漸進的な影響力の拡大、あるいは松岡のような外交による「満蒙問題」の解決との間には、大きな溝があった。政友会は満州事変の不拡大のために、民政党との協力内閣構想に接近していく。

離反者は政党だけでなく、経済界からも出つつあった。一〇月二日付の機密作戦日誌は関西の経済界の状況を記している。「大阪有力実業家は満洲事変勃発の初、一致して時局を徹底的に解決すべしと大に気勢を示したるが如きも、先般稲畑大阪商工会議所頭取は外務省亜細亜局長の

『君等の断乎事件解決を期するため忍び得る期間如何』との問に対し『約一ヶ月なり』と答えたりと。以て彼等商人の心底を察するに足る」。一か月ならば事変を支持する。そうでなければわからない。経済界も離反しかねなかった。

状況の進展につれて、離反者は多くなるおそれがあった。たとえば上海公使館付武官は一一月三日の参謀総長宛の電報のなかで、現地情勢から判断すると、独立国家案に反対せざるを得ないと主張している。「我国民一致の支持を得ること能わず（当地方民間の如き今回は完全に強硬論に一致し満洲問題解決の為め支那全体に於ける現在勢力を一時犠牲に供するも尚忍ぶべきも本案に対しては絶対不同意なり）」。

同電報は日本が国際的な孤立に陥ることを警告する。「満洲に政治的野心なきこと又は中国領土保全の尊重を天下に声明したる今日、独立国の建設は如何に巧妙なる手段を用うるとも我帝国の正義を傷くる虞ある等種々困難なる事情あるが故に其実現は頗る困難にして、焦れば焦る程我立場を不利ならしむるものと思わる」。大陸において、蔣介石の国民政府を相手としなくてはならない日本人にとって、これが現実だった。

現地では満鉄も関東軍についていけなくなっていた。柳条湖事件の勃発によって、中国側との鉄道建設交渉が暗礁に乗り上げた。満鉄は「悲況」のなかにあった。関東軍は「最早満鉄を頼りにすること能わざる」ことを悟った。

それでも独走を止めない関東軍を抑制するために、陸軍中央は説得を続ける。二宮（治重）参謀次長は、本庄（繁）関東軍司令官宛の私信のなかで警告した。「国際聯盟又は外国の態度に右顧左眄し国策を曲げては相成らぬとは小生等に於ても閣下と同様確信致し居る所に候えども、茲に考慮すべきは今日の時世の如く外の気流が極めて敏速に国民に感知せらるる時敏感に国民の脳裡を刺激し、一時は亢奮状態に於て軍部を支持乃至は之に追随するもその中には次第々々に離れて欧洲大戦間に於ける独逸国情の実例に近づかんこと、決して杞憂とのみは思われざる様存ぜられ候」。

二宮の警告は、別の言い方をすれば、協調外交と政党政治の組み合わせによって、現地軍の抑制＝満州事変の早期収拾の可能性を示唆している。

満州事変に対する国際的な反対がアメリカを中心とする対日経済制裁の実施をもたらす。そうなると、「外の気流」が国民を「刺激」して、満州事変の支持から反対へ国民世論が逆流する。国民世論の逆流は関東軍を立ち往生させる。

このシナリオが実現する可能性は、一九二九（昭和四）年から始まった世界恐慌下における日本経済の対米依存度を考慮すれば、関東軍といえども無視できなかったはずである。アメリカ経済に対する日本の従属的な依存の現実を前にすれば、経済制裁は一大打撃となる。大恐慌に苦しむ国民の怨嗟の矛先が軍部に向かうおそれは大いにありえた。そのような「武器」を持つアメリカや国際連盟と政党内閣が連携すれば、満州事変の拡大は抑制可能だった。

協調外交のネットワーク

協調外交のネットワークは機能していた。若槻首相は前年、ロンドン海軍軍縮会議主席全権として、幣原外相とともに、困難な外交交渉に取り組んだ。軍縮をめぐる各国の利害が交錯するなかで、日米英三国は最後まであきらめることなく、交渉を続けた。対立は決定的となる前に回避された。ロンドン海軍軍縮条約は成立する。協調の絆を強めた日英米三国は、どのような問題が起きても、力を合わせて解決に当たることになった。

その機会は早くも翌年、満州事変となって訪れる。ロンドンの協調の絆が試される。若槻と幣原の日本政府と英米との協調行動が始まる。

国際連盟は期限付き撤兵案を可決する（一〇月二四日）。それでも現地軍の独走はブレーキがかからない。関東軍は錦州攻撃をめざす。錦州には列国のさまざまな権益がある。アメリカも黙ってはいられなくなった。「一大決心をもって日本に迫ろうという形勢」が生まれた。そうなればどうなるか。陸軍中央がもっともよくわかっていた。金谷（範三）参謀総長は、幣原と連携して、奉勅命令（天皇の命令）として錦州攻撃の中止と奉天への引き上げを厳命した。幣原はこのことをアメリカに伝える。

皮肉なことに、ここで協調の絆に隙が生まれる。アメリカのスチムソン国務長官は、一一月二七日に談話を発表して、幣原からの錦州攻撃中止の確約にふれながら、関東軍を牽制しようとした。スチムソンに他意はなかった。

ところがスチムソン談話はスチムソンにとって思いがけずも、日本国内で大騒ぎを引き起こす。なぜ軍事機密の作戦行動の詳細をアメリカに伝えたのか。責任は外相と参謀総長にある。若槻内閣はこの非難をかわせなかった。スチムソンが釈明と陳謝をしても、後の祭りだった。勢いづいた現地軍は満州事変を拡大する。

政民協力内閣構想

それでも満州事変の早期収拾の可能性は残されていた。九月一八日以前の旧状に復帰するのは絶望的に困難だった。しかし日中米と国際連盟との間で、新たな妥協点を求めることは不可能ではなかった。そのためには現地軍に対する統制の回復が欠かせない。状況がここまで進展すると、野党の政友会も危機感を抱くようになる。満州事変は政党政治に対する挑戦だったからである。民政党内閣との連携の模索は政民協力内閣構想をもたらす。

結論からさきに述べると、この構想は実現しなかった。なぜ二大政党の提携はうまくいかなかったのか。翌(一九三二)年二月に任期満了にともなう衆議院総選挙が予定されていたからである。総選挙が近づくにつれて、両党は単独志向を強める。民政党は自力解決をめざす。政友会は争点を満州事変から景気回復に転じて、選挙を戦おうとする。協力内閣構想の瓦解のさきにあったのは、満州国の建国(一九三二年三月一日)だった。

満州国の建国

関東軍の石原莞爾は、本来「満蒙領有」（=植民地支配）論者だった。その石原からすれば、満州国の建国は当初の計画の大幅な下方修正だったはずである。それでも満州事変が満州国の建国をもって一つの帰結を迎えたことは、石原らの現地軍にとって悪くはなかっただろう。関東軍はおっかなびっくりで満州事変を拡大した。途中では東京の政府と国際連盟・アメリカとの間で、小満州独立政権案によって収拾が図られそうな局面もあった。小満州独立政権案では中国の主権を認めることになる。それと比較すれば、満州国は現地軍にとって有利な選択だった。

そうは言っても、柳条湖事件の勃発から満州国の建国まで、わずか半年である。準備不足は否めなかった。

たとえば関東軍の「満洲事変機密政略日誌」（一九三二〈昭和七〉年二月一一日）に「建設に関する幕僚会議（第七次）」記録がある。「新国家建設に伴い差当り実施すべき事項に関しては遺憾乍ら統治部に成案なく本日更に若干討究する所あり」。予想以上に満州事変の拡大に成功したために、いざ満州国の建国となると、計画の不十分さが露呈することになった。

国家建設計画のなかでも、もっとも基本的な政治体制（国体）・国号・国家のトップの名称（国首）をどうするかさえ決まっていなかった。二月二〇日段階で暫定的に決まったのはつぎのとおりである。「国体　君主制又は不明（不可民主）／国号　大中国　大同国／国首　監国」。しかも「右は尚混沌たるものあり」といった状況だった。「国体」については「王制」、「帝王制」

を主張する議論も台頭してきた。

関東軍司令官はこのような状況に「心を痛め特に元首号、国体、国号に関しては自ら電話を以て板垣〔征四郎〕参謀に意見を述ぶる所」があった。その結果、二月二五日の「建国幕僚会議」で了承されたのは、「国体」＝「民本政治」、「国号」＝「満洲国」、「国首」＝「執政」である。あわせて国旗は「新五色旗」、年号は「大同」となった。

満州国の基盤は脆弱だった。本土からの支持がいつ途切れるとも限らなかった。本土の支持をつなぎとめるために、満州国の魅力を訴求する必要があった。その一つが豊穣な大地「満蒙」への開拓移民の勧めである。

本土にもこれに呼応する動きがあった。「新満洲国家の誕生と共に始《ママ》めて満洲へ黎明が訪れて来た。……日本の権益はここに完全に恢復し、満蒙移民熱は澎湃として起って来た」（『家の光』一九三二〈昭和七〉年五月号）。

「満蒙」の大地は日本の過剰人口のはけ口として期待された。農業経済学者の那須皓《しろし》東京帝大教授は、今後三〇年間に二〇〇〇万から三〇〇〇万人の人口増加を予測する。この過剰人口をどうするか。遠くブラジルなどの中南米だけではなく、「手近な満蒙」にも収容する。那須は「満蒙」への移民を強調した。

しかしこれには異論もあった。満鉄関係者は長年の現地での経験から断言する。「日本人が蒙古や北満にいきなり移住する事は殆ど不可能に近い。又不可能でないとしても得策でない。大体移民と云う事は寒い所よりも南に伸びるものである」。

もう一つの現場からの発言がある。「要するに満洲移民は南米移民よりは困難なので政府の方針が確立し徹底した保護がなければ成功すまいと思います」（井上雅二海外植民会社長）。

ところが関東軍には「徹底した保護」をする気がなかった。石原莞爾は一九三二（昭和七）年一月二五日の文書のなかで、「日本の農業移民」は「政治的保護を期待すべきものにあらず」と言い切っている。なぜならば「満蒙の合理的発展を期する為適切なる移民の調節の手段を講ずるを要す」るからだった。

石原は日本人移民に「公正なる競争」を求めた。「満洲に於ける漢民族との平等なる立場に於ける日本人の発展を極度に悲観する論者は両民族の特長を解せざるものと云うべく、又彼等は南洋及北米に於ける日支両民族の生存競争を如何に観んとするや」と反問する。石原は満州への日本人移民に対して、甘えを許さなかった。

これには理由があった。「満蒙」には中国本土からの移民が増加していた。この現状に対して、本土から日本人移民のために、中国本土からの移民の禁止を求める声が出ていた。関東軍はこれを「主義として同意し難し」と却下する。他方で、中国移民容認論も退ける。「移民の侵入を放任し以て速に満蒙の人口を増加し購買力を高上せんとする意見亦直ちに同意し難し」。なぜならば「満蒙に平和郷顕出せば支那本部よりの移民は満蒙の収客力以上に上り住民の素質低下乃至失業馬賊の増加を来すべし」と予測したからである。

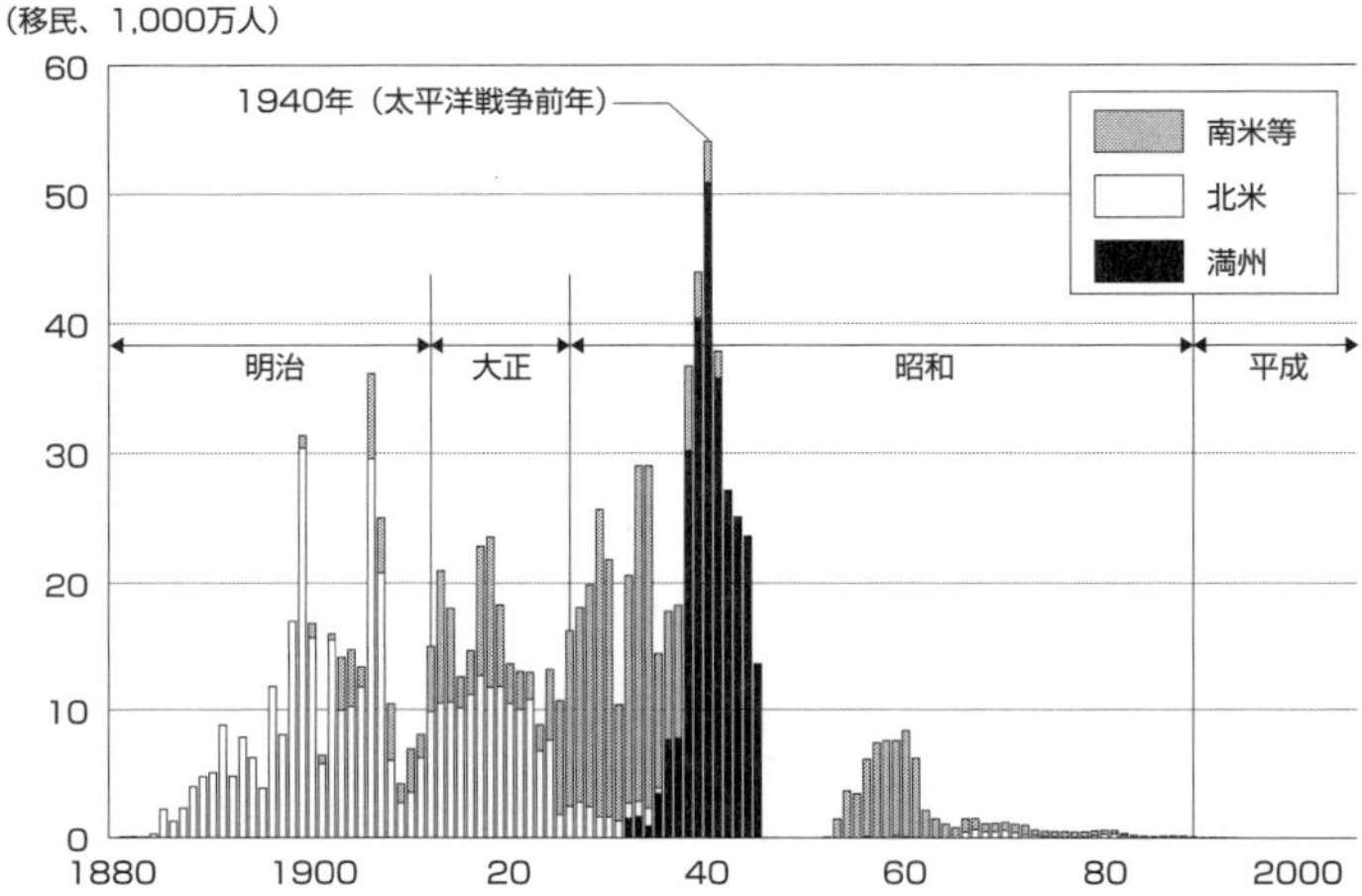

本土から満州への移民数（出典；川島博之『食の歴史と日本人』東洋経済新報社〈2010年〉、出所；石川〈1997〉と海外移住者統計）

満州国が「五族協和」の理念を掲げる以上、日本人移民だけを優遇するわけにはいかなかった。そうかといって、いわば市場原理に委ねてしまえば、移民の悪貨が良貨を駆逐することになりかねない。それゆえ石原は「移民の調節」が必要と考えた。

これでは満州移民に二の足を踏むのが普通だろう。現地は国の保護政策を訴える。関東軍は認めない。どうしようもない。事実がすべてを物語る。満州移民は最大ピーク時で五万人だった。それも日中戦争下の昭和一〇年代になってからのことである。それまでは数千人規模の低位で推移する。那須の言う「三百万四百万或はもう少し多い人」どころではなかった。移民は中南米が圧倒的だった。毎年、満州移民の五倍以上の数字を記録している。

「王道楽土」の理想とは裏腹に

満州国の現実は「王道楽土」の理想とは裏腹にきびしかった。

第一に、満州国は軍事的に脆弱だった。本庄繁（前関東軍司令官）は一九三二（昭和七）年九月八日の上奏のなかで、「満洲国内に於ける兵匪は其数今尚十万余ありて背後に於ける巧妙なる使嗾に因り未だ以て横行を恣《ほしいまま》にせるは遺憾に堪えざる」と率直に認めている（『現代史資料11』）。これでは対ソ戦のための戦略的拠点・軍事資源供給地としての満州国の確保はままならない。関東軍は満州国内の地方軍閥の掃討作戦を継続しなくてはならなかった。このことがのちにいっそう深刻な国際的影響をもたらすことになる。

第二に、満州国は対外経済依存度が高かった。満州国は「産業開発五カ年計画」によって、自給自足圏の確立をめざした。しかし経済の現実を前にして、そうは問屋が卸さなかった。満州国の国家モデルの輸出による日本の国家改造のために、関東軍は「不当なる資本」を排撃し、「財閥入るべからず」と言い放った。

ところが実際には、満州国の経済開発には巨額の資本が必要だった。石炭や鉄鉱石は、大陸のそこら辺にころがっていたのではない。長期的な投資による経済開発なしには、国防資源を手に入れることはできなかった。財閥系企業は、入るなといわれなくても、二の足を踏んだ。投資リスクが高すぎたからである。

関東軍は苛立った。「企業資本家というものは非常に卑怯だ」。財閥が無理ならば、新興の産業資本家でもかまわない。関東軍は日産コンツェルンの鮎川義介に接近する。

鮎川が資本を出したのではない。出せるはずもなかった。鮎川は満州国に対してアメリカの資本を導入するための仲介役である。鈴木貞一は鮎川の登場の背景をつぎのように説明している。「あれは満州が段々落ち着いてきて、国際的に固めなくてはいかん、それにはアメリカの資本というものを導入さすほうがいいという方向になってきまして、それには鮎川にひとつあそこで働いてもらって、アメリカを満州の開発に引き込んでするほうがいいという動きで来たのですよ」。石原莞爾は言う。「世界の大勢は世界文化統一の為日米間の最後的決勝戦の近迫しつつあるを示す。我満蒙経略は此の決勝戦の第一歩に外ならず」。ところが対米最終戦争の戦略的拠点は、アメリカに経済的に依存しなくては立ち行かなかった。

第三に、満州国は政治的にきわめて不安定だった。佐々木到一陸軍大佐（満州国軍政部顧問、同最高顧問を歴任）は、建国の翌年の惨憺たる状況を憂慮している。「事変当初に於て関東軍が堅持しつつありし積極イデオロギーを抛棄するや、爾来一年ならざるに日満統制経済の前途には早くも疑念を生じ、利権屋の出入亦聊《いささ》か頻繁を加え、穏健公正なる国家の高等政策を知る所少き血気の輩は其罪を軍の優柔不断に在りとなし、次第に上下の間に溝渠を深くするの恨なしとせず」。

佐々木によれば、本土ではすでに「昭和維新思想の退化」とともに、「反軍運動の擡頭」が顕著だった。他方で満州国内では「日系官吏の腐化等々満洲統治の将来に投ずる暗影のみならず大陸経営に伴うて皇軍の価値に影響する憂患」を考慮しなくてはならなくなっていた。満州事変から二年を経ずして、時代の潮流は逆転する。佐々木は「政党政治家の不満と自由主義者の擡頭と時流に迎合せんとするジャーナリストとは漸く軍部反対運動の為合流せんとする勢あるを見る」と危機感を募らせていく。

以上要するに、満州国はこのままでは立ち行かなくなるところにまで至っていた。日本に満州国の存在が重くのしかかる。重荷を背負った日本は、さらに困難な国際的立場に立たされることになる。

以下では本章のまとめにかえて、満州事変の展開の逆説的な歴史を整理する。

私たちは従来、満州事変の経緯をつぎのように理解してきた。「満蒙は日本の生命線である」。松岡洋右の一言は中国ナショナリズムに対する危機感の表れである。満州事変は「満蒙」特殊権益を守るための軍事行動だった。現地軍の暴走は成功し、満州国の建国に至る。日本の軍事上の戦略的拠点・資源供給地である満州国を作った日本は、「東亜」地域における自給自足圏の確立をめざした。

ところが実際には、松岡の政策目標は、日中「提携」による「満蒙」の経済開発だった。満州事変の勃発は松岡の構想を台無しにする。松岡は落胆した。満州事変の拡大は満州国をもたらす。自給自足圏をめざしたはずの満州国は対外経済依存がはなはだしかった。満州国の経済的な建国のためには外国資本が必要だったからである。現地軍はアメリカ資本の導入に積極的にならざるを得なかった。対米最終戦争の戦略的な拠点＝満州国は、アメリカ経済に依存するようになった。

Ⅱ章　国際連盟脱退とその後——欧州を知る

1　欧州の現実を目の当たりに

国際連盟外交

満州事変は、日本がヨーロッパを、ヨーロッパが日本を、知る機会となった。以下では国際連盟における多国間外交の展開をとおして、日本とヨーロッパが相互理解を深めていく過程を再現する。

満州事変の勃発当時、国際連盟加盟国はすでに五〇を超えていた。原加盟国の日本は、五つの常任理事国（英仏独伊日）の一つだった。対する中国は九つの非常任理事国（スペイン、グアテマラ、アイルランド、チェコスロヴァキア、パナマ、ペルー、ポーランド、ユーゴスラヴィア、中国）の一つだった。常任理事国＝日本と非常任理事国＝中国との軍事紛争のゆくえは、国際連盟の運命を占うものとなる。

柳条湖事件の一報がジュネーヴに届いたのは、一九三一（昭和六）年九月一九日である。同日の国際連盟理事会は、芳沢（謙吉）日本代表に説明を求めた。芳沢は答えられなかった。幣原外相ですら、この日の新聞で知ったくらいである。訓令を受けていなかった芳沢が答えられるはずはなかった。

二日後、中国代表は提訴した。翌日、理事会が開催される。レルー議長（スペイン外相）は、議長と日本を除く四か国の常任理事国代表による「五人委員会」の設置を提案し、了承された。九月二四日、芳沢は本国政府の不拡大方針に基づいて、現地日本軍が満鉄附属地に復帰しつつあると答えた。

蔣介石の中国政府は、表向きの非妥協的な態度とは異なり、事態を楽観していた。その背景には、幣原外交への信頼と国際連盟への期待があった。幣原外交が現地軍の暴走を抑制する。国際連盟が早期の外交決着を図る。中国側はそう考えた（鹿錫俊『中国国民政府の対日政策』）。

理事会は九月三〇日、軍事行動の停止を求める決議を採択後、一〇月一四日まで休会となる。日本にとって「五人委員会」のレジームは有利だった。杉村（陽太郎）国際連盟帝国事務局長は、「大国」主導の利点を強調する。「大国の中で連盟を動かす力あるものは英仏である。支那に於ける英国の権益は仏や独や、伊の比にあらず……実際に於て決定的勢力を振るったのは英国であった」。杉村は、中国をめぐる日英のいわば帝国主義的な妥協による問題の解決を図ろうとする。杉村にとって、イギリス中心の「五人委員会」は好都合だった。

国際連盟外交は、欧州大戦前までの〈旧外交〉とは異なる〈新外交〉である。〈旧外交〉とは、職業外交官の専権事項であり、表の条約の裏には秘密の取り決めがありがちだった。対する〈新外交〉は、外交の「デモクラシー」化を意味する。外交は国内世論の動向を考慮しなくてはならない。国際連盟における多国間外交は公開外交だった。

このような国際連盟外交を展開するに際して、杉村は二つのことに注意を喚起する。一つは「会議外交」としての国際連盟外交である。もう一つは国内向けの外交としての国際連盟外交である。

杉村は言う。第一の「会議外交」としての国際連盟外交において、「小国」は「大国」を凌ぐことができる。「小国」代表は多士済々だった。杉村評によれば、「小国」の代表のなかで、「言論の雄」はスイスのモッタである。モッタの弁舌は「清明なること秋の月の如く爛熳たること春の花の如し」だった。「法学の権威」ギリシャのポリティスもいる。「機略縦横のベネシュはチェッコ・スロヴァキア建国の勇士である」。「討論の雄」ルーマニアのティトゥレスク、「平民宰相」として名高いアイルランドのデ・ヴァレラ。国際連盟を駆動するのは彼ら「小国」の代表たちだった。

第二の国内向けの外交とは、外交の「デモクラシー」化の必然的な結果だった。職業外交官の杉村は皮肉交じりに言う。「選挙と政権の争奪即ち政治である現在に於て、政治家が最も関心を有するは内政問題である。直接選挙民に利害関係なき外交問題は現代政治の花ではあるが実ではない」。

杉村は政治家の素人外交を見下す。欧州の名だたる政治家といえども、彼らが詳しいのはもっぱら欧州情勢である。「彼等には東洋を訪う余裕がない」。その彼らが遠く極東の日中間の小規模な局地紛争に遭遇する。彼らは「主として外務吏僚の官僚的知識を糧として、泥縄式に準備する」。杉村にとって素人外交は怖れるに足らなかった。「多くの代表者はジュネーヴに来て初めて事件の内容を研究し、月並の純理論を提唱するにあらざれば、大勢順応を以て万全の策とする他はない」からだった。

以上のように、日中紛争をめぐる国際連盟外交は、一方では各国代表が国内を向きながら（日本代表も例外ではない）、他方では「大国」と「小国」の対立を孕みつつ展開することになる。

「五人委員会」それぞれの内情

日本は「大国」、なかでも「五人委員会」のイギリスに期待したことはすでに述べた。この「五人委員会」は、日本にとって有利だったはずである。ところが「五人委員会」の構成は一歩、踏み込んで考えると、前途を楽観できなかった。英仏は問題ないとしても、独伊が曲者だったからである。

日本とドイツは仲が悪かった。日清戦争後の三国干渉、ドイツ皇帝の黄禍論に始まり、世界大戦では敵味方に分かれて戦った。日独親善は簡単ではなかった。

杉村の観察するところ、ドイツは「大戦後単なる欧州的国家となり、極東問題に対しては一に市場獲得を念とし、外交上は殆ど発言権を有《も》たぬ」立場だった。「日本人はドイツ人と親しまず、ドイツの大学は我が学界にとって貴重なる母親なるも、母性愛に欠けるやの観あり」。これが杉村のドイツ観だった。

イタリアも頼りにならなかった。杉村によれば、「イタリー人と日本人とは本来親しみ易き性格を有し、ムソリーニの雄飛以来我が国に黒襯衣《シャツ》隊の崇拝者も多くなった」。しかし日伊両国は「今日に至るまでいまだ十分の親交と理解となく」といった有様だったからである。日本の軍部は欧州大戦の際のイタリアを「裏切り者となし、これを信ぜず、イタリー人は極端且つ露骨な自国本位を以て終始」した。

これでは独伊に期待するのは無理だった。

さらにやっかいだったのは、国際連盟の主要国、とくに「五人委員会」の構成国と、未加盟国でありながら実質的に国際連盟を支えていたアメリカとの複雑な外交関係である。杉村は言う。「由来国際的理解は困難である」。たとえばフランスはドイツに対して「特別の恐怖心を抱き」、これに対して「英も米も殆ど風馬牛である」。それだけではない。英米は同じ英語を話す、アングロサクソン民族に属しながら、「英人は内心米人を賤み、米人は英人を嫌い、相互の諒解は中々困難である」。

主要国に限っても、このように外交関係は錯綜していた。そこに諸「小国」が加わる。満州事変をめぐる国際連盟のゆくえを予測するのは困難だった。

国際連盟は一〇月一四日に再開が予定されていた理事会を一日繰り上げて開催する。休会中の

満州事変を審議する国際連盟理事会

一〇月八日、日本軍が錦州を爆撃したからである。国際連盟各国は中国本土への爆撃に激怒した。錦州爆撃は早期解決の楽観論をも爆撃する結果になった。国際世論はいっせいに日本非難に転じる。なかでも「ドイツの新聞紙は日支事件の当初より法律論を振りまわし、日本を以て条約を破棄する侵略国なりとなし、終始一貫手厳しき批評を加えた」。

イタリアも「英米に追従し支那に近付き以て漁夫の利を漁るに急」だった。理事会再開後、日本にとっては事態をより複雑にする非加盟国アメリカの招請を率先しておこなったのはイタリアである。これでは「日伊両国間の提携は真に至難」だった。

各国の利害が錯綜する国際連盟のなかに、満州事変が放り込まれればどうなるか。杉村は、英米に対抗するための日仏、あるいは日独伊提携論を批判する。「仏が英と親しみ独伊が常に英米に追従し且つ迎合するの風ある間英米と争うは結局世界と争うものなりと覚悟せねばならぬ」からである。

チェコスロヴァキアと日本

国際連盟外交の難関が「小国」にあることは明らかだった。ジュネーヴの日本代表部は手を打つ。日本側が期待したのは、「小国」のなかでもチェコスロヴァキアの外交力だった。

チェコスロヴァキアと日本との関係は、チェコの建国期にさかのぼる。欧州大戦下の一九一八（大正七）年、独立運動家のマサリク（トマーシュ・ガリグ・マサリク）は、日本を経由してアメリカに亡命する。

『東京朝日新聞』は滞日中のマサリクへのインタビューに成功した。四月一五日の記事の見出しは、マサリクの写真と自筆サインとともに、「墺国を遁れた／亡命のマ博士／―昨日突如東京に入る―／◇大陰謀破れて死刑の宣告／◇妻も娘も牢獄に投ぜらる」と伝えている。記者の主観的な表現の見出しではあるものの、日本の読者にインパクトを与えただろう。「雨で折角の日本の桜も台無しで」と記者が言うと、マサリクは「いやいや私は花どころではない、趣味は只政治のみ、民族問題のみです」と答えた。

『東京朝日新聞』のスクープはこれで終わりではなかった。四月一九日から三日間連続で、「墺洪国ボスニアの志士マサリック博士」の特別寄稿「独逸の東方侵略」を掲載する。これを読んだ極東の日本人は、欧州情勢の複雑さに驚いたにちがいない。他方でマサリクに肯定的な感情を抱くようになったかもしれない。マサリクは日本が欧州大戦に参戦し、ドイツと戦っていることを評価しているからである。マサリクは言う。「〔英仏露の対独同盟は〕極東の新進国にして謂わば亜細亜の議長《スピーカー》たる日本の加盟に依って亜細亜に対し真に重きを為すに至ったのである」。

マサリクの独立運動は、同年一〇月二八日のプラハでの建国宣言によって成就する。『東京朝日新聞』の渡邊（誠吾）記者はワシントンでマサリクにインタビューする。数か月前は亡命者だったマサリクが一転して初代の大統領となる。渡邊は滞日中の非礼をわびた。

一一月三〇日と一二月一日の『東京朝日新聞』はプラハでの渡邊の「大統領謁見記」である。渡邊は「砕けた態度のマサリック氏」に感激した。打ち解けた雰囲気のなかで、渡邊は「四方山話し、商業の事に就ては日本との間の輸出入も距離の遠隔に拘らず方法を以てすれば必ずしも困難ではな」いことなどの話を聞いた。

それまでマサリクは無名だった。滞日中にマサリクが外務省を訪れても、反応は鈍かった。当時、外務次官だった幣原は「その何者であるかを我が外務省でも知らず、彼が米国についてから外電がその名を大きく報じたので、はじめてそんな大物であったのかとびっくりした」。

亡命中のマサリクを例外的に知っていたのは外交官の本多熊太郎である。本多はロンドンでマサリクと会っている。マサリクを哲学の大学教授として紹介された本多は、家庭教師をしてもらおうと考えた。「あまりいい生活はしていないと思った」からである。ところがイギリス人の知人が言った。「アメリカには彼を推戴する数百万のチェッコ人がいるんだぜ。金には別に不自由してないよ」。これに対して本多は「チェッコなんて国名は始めて聞くので、不思議に思って『チェッコって一体何だい?』」と尋ねた。チェコスロヴァキアやマサリクに関する知識はこの程度だった。

その後、両国の相互理解は深まっていく。一九二八(昭和三)年、マサリクは大勲位菊花大綬章を受ける。直接には前年の通商航海条約締結の功績に対してだった。

両国の外交関係は国際連盟を舞台に緊密になる。とくに一九二三(大正一二)年にチェコが非常任理事国の地位に就いたことは、大きな契機となったはずだろう。両国は常任、非常任のちがいはあっても、国際連盟理事国として協力しなくてはならなくなったからである。

常任理事国としての立場

国際連盟において、チェコなどの「小国」が日本に期待したのは、少数民族問題の解決だった。欧州大戦後、東・中欧では民族自決原則に基づいて、つぎつぎと独立国家が生まれた。他方で欧州の「大国」が恣意的な国境線を引いたため、この問題が顕在化した。

国際連盟理事会議長の石井菊次郎や杉村陽太郎は、この問題解決のために重要な役割を果たす。欧州が日本から地理的にも心理的にも遠いことが幸いした。欧州以外の「大国」の日本は、個別利害にとらわれることなく、公平で客観的な第三者の立場から解決策を提示することができたからである。「小国」は日本を評価するようになる。

日本は第一次世界大戦の形式的な戦勝国である。その結果、国際連盟の創設に参加し、常任理事国の「五大国」の一国となる。日本の加盟は、国際連盟の持つ普遍的な理念をよく理解した上でのことではなかった。国際的な権力政治の発想に基づいた、個別利益の確保が目的だった。国際連盟加盟には大方が消極的だったといってよい。たとえば幣原喜重郎のような国際協調外交を象徴する人物でさえ、つぎのように言っている。「こんな円卓会議で我が運命を決せられるのは迷惑至極だ。本条項〔国際連盟規約〕は成るべく成立させたくないが……大勢順応の外ないだろう」。のちに日中戦争下、軍部に抵抗した石射〔猪太郎〕外務省東亜局長も率直に述べている。「国際連盟というものには、初めから関心がもてなかった」。

日本の加盟の動機は、「大国」意識によるものだった。それでも一度加盟すると、権利とともに義務も生まれる。権利に関しては、赤道以北の旧ドイツ領南洋諸島を国際連盟の委任統治の受任国となることで確保した。日本は太平洋の重要な戦略的拠点を手にする。

他方で義務を負うことにもなった。たとえばＩＬＯ〔国際労働機関〕への加盟である。国際連盟の原加盟国として国際連盟の下部機関のＩＬＯに加盟すると、日本は国内からの強い抵抗を排してでも、欧米基準の労働者を保護する社会政策をとらなくてはならなくなった。

このほかにも日本は常設国際司法裁判所に二人の判事を送り込んでいる。日本は新しい国際法秩序の形成に参画する。

国際連盟事務局次長に新渡戸稲造が就任したことも大きい。東西文化の交流を説く、著書『武士道』によって世界でもっともよく知られた日本人の新渡戸は、国際連盟の広報活動には適任だった。

近年の研究（篠原初枝『国際連盟』）は、国際連盟の保健衛生部門での日本の活躍を指摘している。同書が活写するのは、保健衛生委員宮島幹之助の活躍である。宮島は、極東地域における疫病の現地調査に従事する。その成果が伝染病情報局の設置をもたらす。国際連盟主催の衛生技術官交換会議が東京で開催されることもあった。

日本は国際連盟協会を創設した。国際連盟を側面から援助するためである。この組織の設置に奔走し、国際連盟帝国事務局長に就任する澤田節蔵は、「世界平和達成の夢実現にいよいよ参加できると格別の期待」を抱いた。

国際連盟外交に積極的に関与した日本の外交官は、現実主義的な権力政治の観点を併せ持っていた。欧州の国際機関である国際連盟において、なぜ日本は貢献しなければならないのか。たとえば国際協調派の外交官の一人、佐藤尚武は、その理由を満州問題に関連させて、回顧録のなかで述べている。いずれ国際連盟の場において、満州問題をめぐって日中の対立が生じるかもしれない。その時に備えてあらかじめ今から積極的な貢献をおこなう。これによって各国の信頼を獲得し、ジュネーヴで優位な地歩を築いておく。佐藤の想定は、満州事変となって現実のものとなる。

緊迫するジュネーヴ情勢

満州事変は勃発の翌月の錦州爆撃によって拡大する。ジュネーヴの空気は一変した。石原莞爾は、錦州爆撃を国際連盟爆撃と言い放った。そのとおりだった。錦州爆撃によって、国際連盟の期待する、日本政府の不拡大方針を前提とする早期解決が困難になったからである。それでも日本側は、一九二〇年代をとおして形成した国際連盟における協調のネットワークのなかで、問題の解決を図ろうとする。

しかし事態は悪化の一途をたどる。決定的だったのは、満州事変不拡大のための協力内閣構想が挫折したことである。代わりに成立した政友会の犬養（毅）内閣は、なす術がなかった。犬養内閣成立の翌月（一九三二〈昭和七〉年一月）に上海事変が勃発する。そのさなかの三月、満州国が建国される。犬養内閣は有効な手を打つことができずに、事態の悪化を傍観した。

ジュネーヴの情勢が一挙に緊迫する。特別総会（三月三日招集）の一般委員会（三月八日）の形勢は、澤田節蔵の報告によれば、つぎのとおりだった。「総会は最も極端なる西班牙及南米諸国稍之より穏健なる『スカンヂナビア』及小協商諸国並に能う限り実際に即して解決せんとする大国が相対立せる形にある如くなるが、極端派の気勢頗る強く且数に於て最優勢なるに顧み、形勢憂慮に耐えず」。

他方で国際連盟は、前年の一二月に調査団の現地派遣を決定している。イギリスのヴィクター・リットンを団長とする、英仏独伊米五か国の派遣メンバーは、二月から日・中・満州国での現地調査を始める。日本政府は、リットン調査団の報告書の公表を牽制するかのように、一足早く九月一五日に満州国を単独承認する。国際連盟を挑発するようなタイミングでの満州国の承認によって、日本は四面楚歌の状態に陥った。

それでも希望は失われなかった。

チェコスロヴァキアの日本公使堀田正昭は、九月一七日にベネシュ外相を往訪する。堀田は理解を求めた。ベネシュは応える。「御趣旨は充分了解したり。理論と実際との調和が困難なる点なるが、その調和点を発（見）することは必ずしも不可能に非ざるべし。連盟の尊重が『チェッコスロバキア』の対外政策の根幹たることは御承知の通りなるが、自分としては今日迄連盟内部に於て強硬論の緩和に相当努力したる積りなり。今後に於ても日本の友人たる自分の此態度には変化あるべき筈無く、従て寿府に於ては日本全権部と密接なる関係を保ち難問題の無事解決に尽力致し度き所存なり」。

ここにマサリクの亡命からチェコスロヴァキアの建国に至る過程で形成された、チェコとの信頼関係が活かされることになる。伊藤（述史《のぶふみ》）国際連盟事務局次長はのちに帰国報告のなかで、「吾々の平生から考えて居りましたような、全然日本に反対であると思った人も、相当に彼等は日本を理解して居りました」と「小国」側が現実的な対応をとったと述べている。表向き強硬論を主張する「小国」のなかでも、チェコは実際にはちがった。他の「小国」の態度も、ベネシュの外交努力によって、緩和に向かう可能性が出てきた。

2　極東における危機と欧州にとっての危機

リットン調査団の来日

リットン報告書の公表に先手を打つ形の日本による満州国の単独承認は、満州事変の解決を原理的に困難なものとした。リットン報告書は「和解の書」と呼ばれることがある。満州における日本の権益を認めながら、満州国を中国の主権の及ぶ自治地域とすることで、妥協を図ったからである。

満州事変の解決策をめぐって、考えあぐねていた国際連盟各国にとって、リットン調査団の派遣は渡りに船だった。ところが日本は満州国を承認する。リットン報告書は「和解の書」ではなくなった。国際連盟側は落胆した。

それでも国際連盟と日本との間で外交関係の調整の余地があったのは、リットン調査団の派遣によって、相互理解が深まったからである。日本側はリットン調査団を歓迎する。調査団の目的をよく理解していたからである。

リットン調査団は一九三二（昭和七）年二月二九日に来日する。日本に対する一行の第一印象は悪くなかった。宿泊先は関東大震災によってもびくともしなかった帝国ホテルである。「街は色もあざやかな看板や旗で飾り立てられ、ネオンまたたく街頭や、下駄をはいた着物姿の娘さん

荒木貞夫陸相邸を訪れたリットン調査団

たちは大変美しかった」（調査団のメンバーの一人、ドイツ人のハインリッヒ・シュネーの印象）。

来日の初日に面談した芳沢（謙吉）外相、犬養（毅）首相、荒木（貞夫）陸相に対する人物評も好意的である。シュネーによれば、芳沢は「愛想はいいが慎重な思慮深い紳士」であり、犬養は「すでに七十の坂を越えた小柄な老人で……小さな眼だけが大変いきいきと輝いていた」。荒木は「大変若々しく弾力性のある人物」で、「いろいろ滑稽な逸話を語り、自分でも腹をかかえて笑っていた」。

だが、和やかな雰囲気も三月一日に吹き飛んだのではないか。この日、満州国が建国を宣言したからである。それでもリットン一行は、これにかまわず妥協点を求めて調査を続ける。

三月三日は国際連盟協会主催のレセプション・パーティだった。席上、石井菊次郎（国際協調派の外交官の経歴を持つ）が「国際連盟支持者としては意外に強い調子で、満州問題についての日本の立場を表明した」。これはいわばポジション・トークである。シュネーは「国内用の宣伝に役立たせるべき性質のものであった」とわかっていた。

同様のことは、五日の日独協会のディナーの席上でも起きた。会長の山本（梯二郎）農相のスピーチは新聞が報道したにもかかわらず、そこには「強く日本の立場を主張した演説」内容は含まれていなかった。慎重な情報統制がおこなわれていることは明らかだった。

シュネーに強い印象を与えたのは、三井財閥のトップ団琢磨である。「とがった鼻、知性ある眼つきの小柄な団男爵は、英語を上手に話した。われわれははじめは日本の実情、ついで男爵が大変関心をもっているドイツの財政、経済事情について話し合った」。

親交を深めたのも束の間、二日後、団は暗殺される。衝撃だった。前月の二月九日には前蔵相の井上準之助がテロの凶弾に倒れている。シュネーは悟った。「国際連盟支持者を含め日本の穏健派は、狂信的な国家主義者の凶刃にいつ倒されるかわからない状態にあった」。

国内外からのテロの脅威

彼らが期待した日本の「穏健派」は国内外からのテロの危機にさらされていた。四月二九日（すでにリットン調査団は中国に到着していた）、上海事変の停戦協定中、天皇誕生日を祝う上海の公園の式場において、朝鮮人が重光（葵《まもる》）駐華公使に投弾し、右足切断の重傷を負わせた。死者や重傷者が出た。野村（吉三郎）第三艦隊司令長官（海軍）は右目を失った。陸軍の植田（謙吉）第九師団長も負傷した。シュネーは三人の奇禍を悲しんだ。「われわれが上海にいたとき彼らと親しい関係であっただけに、この不祥事件にはまったく驚かされ、犠牲者には心から同情した」。

朝鮮独立のナショナリズム運動にとって、日本との妥協を画策するリットン調査団は、敵も同然だった。調査団一行が満州の大連に滞在中（五月末）、テロがうわさされた。日本の官憲が計画を未遂に終わらせた。暗殺団のメンバーの数人は、上海の事件に関与していた。他方で同月一五日、日本国内では陸海軍の士官候補生・青年将校と農本主義団体のテロとクーデタ未遂事件（五・一五事件）が起きる。犬養の命が失われる。

七月に再度、調査団が訪日した時、状況は大きく変わっていた。あの快活な荒木陸相はいなかった。「初対面以来、何ヵ月も経っていないのに、荒木将軍は急に老けこんだように見えた」。シュネーは「五・一五事件をはじめ、われわれと会談したあとの一連の事件が、彼にも何らかの影響を及ぼしたのであろう」と推測した。

シュネーはリットン報告書の公表前に日本が満州国を承認した背景に、日本国内における「超国家主義」の「浸透」を見出す。このような国内状況では「政治家がとかく軟弱にみえる政策を行なったり、穏健な意見を述べたりすることは、はなはだ危険である」。シュネーは「日本の対外政策があまりにも国内政局の動きや、国民世論によって左右されすぎている」と危惧した。

それでもシュネーは日本の「穏健派」に対する期待を失わない。「明治維新以後の歴史は、日本の政治家がつねに、物事の事情をはっきりと認識し、それによって政策を推進してきたことを示している」。そう指摘するシュネーは、「今日でも彼らは同じように行動するだろうと思う。中国に進撃することなく、長城線を限界としてとどまり、すでに獲得したものを守ることで満足することを確信する」。シュネーの予想は当面、そのとおりになる。

小国への働きかけと大国の意向

満州国の承認後、日本は一方ではチェコスロヴァキアを仲介国として間接的に国際連盟の「小国」に働きかけるとともに、他方では「大国」の意向を探る。

国際連盟において日本がもっとも期待していたイギリスの反応はどうだったか。松平（恒雄）駐英大使がサイモン外相との会談から、概略、つぎのように伝えている。日本の満州国承認は、リットン調査団との関連でサイモン外相の「面目を或る程度迄傷けたる形」となった。しかしながら、イギリスは大多数の「小国」との間に立って、「実際的見地より見て我が立場を潰さざる様斡旋の労」を採っている。これは従来の日英友好関係と中国におけるイギリスの利害関係を「考量の結果」と思われる。

リットン報告書の審議をめぐって、日本と国際連盟とが「正面衝突を起す如き場合に立至らば英国政府は余地ある限り調停の労を採る」だろう。しかし日本か「小国」かの二者択一となれば、「英国政府の対欧州方針が連盟に重きを置く関係上」、楽観を許さないだろう。

つぎはフランスである。長岡（春一）駐仏大使は九月二〇日にエリオ外相と会談し、ある提案を示した。「日本にとり死活問題たる満州問題に対し仏国側の支持を得たく、日本は仏国の直面せる対独問題に付出来得る限りの支持を与うる用意あり」。エリオは気乗り薄だった。それはそうだろう。日本としてはフランスの支持を得たい。しかし対独問題で日本がフランスの力になれることなどほとんどなかったからである。

エリオは「出来得る限り慎重に事を運ぶを最も必要なりと信」じると繰り返した。この言葉に嘘はなかった。しかし頼りになるとは限らなかった。

ドイツの態度はきびしかった。「独逸としては連盟の権威保持を極めて重要視する」と言った外務次官は、「日本の満州国承認に対する独逸政府の的確なる意見は目下の処何等之を開陳するを得ざる」と態度表明を留保したからである。

小幡（西吉）大使は警告した。「日本の堪え得ざるが如き解決案を押し付けらるるが如きことありては……結局連盟脱退等の挙に出でざるを得ざるべし」。反応は素っ気なかった。「其処迄に至らざる迄に於て何等解決の途もあらんと考えらるる」。

ドイツ問題をめぐって、対仏接近の秋波を送っている日本に当のドイツが色よい返事をするはずはなかった。ドイツに期待することは無理だった。

チェコスロヴァキアの仲介工作も進捗しなかった。ベネシュ外相は伊藤述史に「小国」側の状況を「欧州各国当事者の惧るるは、満州問題が欧州に於て先例となることにして、従て『プリンシプル』の問題として反対せざるを得ざる次第」と伝えている（一〇月一一日）。ベネシュは覚悟を求めた。「本年初よりの経験に依れば、何れの国の代表者と雖日本政府を支持する如き発言を為す勇気あるものなかる可きことは覚悟せざるべからず」。

メディアの役割

ジュネーヴの状況が予断を許さなくなるなかで、国際連盟は臨時総会を一二月六日に開催する。松岡洋右らの日本代表団は一一月一八日に到着した。日本代表団の国際連盟外交が始まる。

国際連盟外交の展開をとおして、日本と欧州諸国とは、対立は対立とする一方で相互理解が深まっていく。相互理解は、外交の当事者間に止まらない。メディアをとおして国民レベルでも進む。そのようなメディアの役割を果たした人物の一人が東京朝日新聞の記者で、日本代表団に同行取材した古垣鐵郎である。

古垣は一二月一一日付で要点を二つ記録している。

第一に、欧州にとって国際連盟は「生命線」である。古垣はベネシュの外交手腕を高く評価する。しかし「ベネシュ程の政治家の口から世界という言葉を聞いたことがない」。なぜならば欧州各国にとって「世界即ち欧洲であり、彼等の政治的関心はヨーロッパを出ない」からである。

ここから「欧洲の小国にとって連盟は自国の権益擁護の生命線なのである」との結論が出てくる。古垣は「小国」を非難しようとしたのではない。「小国」の事情を理解するように、日本国民に求めた。「それは日本にとって満洲が生命線であるというのと全然同一である。我らは小国のこの生命線に対して認識を深める必要がある」。

第二に古垣は国民に日本も国際的な義務を負うべきであると注意を喚起する。モッタ大統領の対日批判は「十分傾聴に価する」。そう古垣が言うモッタの演説は、つぎのとおりである。「日本は小国の不安を静める義務がある。……日本は既にいやという程悪化している国際状態を更に悪化しない様に防ぐ義務がある。……世界の良心の前に頭を垂れることは弱虫の証拠ではなく、実に道徳的勇気の証左である」。

古垣は言う。「然り、もし真に日本が極東の雄邦であり、世界の大国であるならば、日本は国際道義上小国の有しない義務を負うべきである」。

古垣の記録は一二月一一日付である。すでに臨時総会が始まっていた。中国はいうまでもなく、大多数の「小国」がつぎつぎと対日非難演説を展開した。それにもかかわらず、古垣は日本の国際的な義務を強調する。古垣は日本が国際連盟内に留まることを当然と考えていた。

欧州情勢をめぐる国内の世論喚起に努めていたのは、古垣だけでなく、伊藤述史もそうだった。伊藤は一九三二（昭和七）年九月二二日刊の著書のなかで、ジュネーヴにおける外交交渉をとおして、相互理解が深まったと述べている。「評議をして見ると吾々の平生から考えて居りましたような、全然日本に反対であると思った人も、相当に彼等は日本を理解して居りました。そうして一番小国側の連中の心配して居りました所は、此今の満洲問題と云うものは、それは満洲問題で宜いかも知れないが、此問題の解決方法が将来欧羅巴に於て先例となっては困る。そう云うことにならないと云うことを日本側で以て能く説得をして呉れれば、吾々の方でも全然反対をすると云う訳でもないのであると云うことが、其主なる連中の考えであると云うことが分りました」。

芦田均「非脱退の論理」

このような世論喚起に応じるかのように、国内でも欧州情勢に対する認識の深まりをうかがわせる議論が出てきた。

たとえば政友会の機関誌『政友』（一二月号）の「国際聯盟は何う動く」である。同論考は、国際連盟首脳部の「腹」を「何とかして聯盟の威信も毀わず、日本及び支那の面目をも維持する解決はないものかと苦心している」と読む。「漸次小国側も日本の立場を諒解して来たらしい」との判断もある。ここからつぎのように予想する。「聯盟の威信を墜さず結束を緩めない方法形式の下に問題の解決を延ばそうということになって来るのでないか」。

『政友』の論調は翌月になっても変わらない。船田中衆議院議員の論考は述べる。「満洲問題に付ては、欧米人は日本人が考えて居る程神経過敏にはなって居らぬ。彼等はそれほど深い利害関係を持って居るわけではない」。満州問題をめぐる欧州諸国の建前と本音に注意を向ける船田の論考は、国際連盟からの脱退の回避が前提となっていた。

なぜ彼らは脱退回避が可能と考えていたのか。外交官出身の政友会の衆議院議員芦田均の論理はつぎのとおりである。ジュネーヴで起こり得る最悪の事態とは何か。それは「国際聯盟が吾々の承諾出来ない案を勧告として押し付けた場合」である。その場合、日本はどうすればよいのか。「我国は敢然として其の勧告に応じないと云うだけの態度を維持すれば足りる」。

外交官とは国際法（国際連盟規約）の解釈の専門家である。芦田の見とおしはプロの国際連盟解釈の裏づけがある。芦田は言い切る。「聯盟規約の解釈としては、聯盟の勧告を承諾しないと云うことが、直ちに規約違反とはならない」。そうである以上、脱退は回避できる。なぜならばつぎのような展開を予測できるからである。「少くとも規約違反の問題を生ぜず又制裁の問題をも生ずる惧れがないのである。即ち我国が勧告に応じないと云うことに依って、聯盟に於ける満州問題は一段落を告げるものと想像されるのであって、従って我国が聯盟を脱退するが如き問題も生じない」。

芦田の非脱退の論理は、さきの「国際聯盟は何う動く」も共有している。「其の勧告は承認しなくとも直ちにそれが聯盟の規約違反とはならない」と述べているからである。

脱退問題へ松岡の努力

国内の認識は深まった。議論は冷静である。これとは対照的に、ジュネーヴでは緊張が高まっていく。一二月六日に臨時総会が開催される。多くの国が対日非難の演説を展開する。例外はイギリスだった。二日目のサイモン外相の演説は「予想以上の鮮明率直さをもって日本の立場を擁護し、支那側の策動をたしなめた」。サイモンの演説を聞いた松岡は感謝した。「サイモンが今素晴らしい演説をした。自分がここ三週間いいたいと思っていたことを見事な英語でいってくれた」。

サイモンのがんばりによって可能性は残った。国際連盟規約第一五条第三項による和協委員会案である。この委員会において、同条同項にあるように、「当該紛争に関する事実及説明並其の解決条件を記載せる調書を公表」する。これが事実上、最後の妥協案だった。

他方で「小国」を中心とする一九人委員会は、規約第一五条第四項に依拠して、リットン報告書を基礎とする報告と勧告案の作成に着手する。同条同項は「紛争解決に至らざるときは、聯盟理事会は、全会一致又は過半数の表決に基き……公正且適当と認むる勧告を載したる報告書を作成し之を公表すべし」となっている。

ここに規約第一五条第三項と第一五条第四項との間で、決着に向けて競争が始まった。ジュネーヴ情勢は緊張の度がさらに高まる。こうなると日本の国際連盟脱退のおそれも無視できなくなる。国内ではどう受け止めていたのだろうか。

事態の急迫の一方で、認識は深まる。部分的ではあれ、国民が認識を共有する。このことをうかがい知ることのできる史料の一つとして、東京日日新聞社編『聯盟を脱退したら日本はどうなる?』(一九三三〈昭和八〉年二月八日発行)がある。

編者は読者にジュネーヴ情勢の緊迫を伝える。「聯盟が、利害関係もなき小国代表の、現実を無視せる純理論に誤られて、わが公正なる主張を斥け、適正ならざる解決案を決定せんとし、ためにわが国の聯盟脱退をも促すが如き形勢」になっていると指摘する。このような状況を前提として、同書は国際連盟規約に関連して複雑な展開を示すジュネーヴ情勢をわかりやすく整理して、的確な見通しを立てている。

同書の基本的な立場は脱退回避である。なぜならば「わが国の如く聯盟内のみならず世界の一員として常に平和と協調を念とする正義国が好んで行なうべきものではない」からだった。

同書が期待するのは和協委員会案による解決である。「聯盟規約第十五条第三項の妥協が出来れば問題とならぬ」。それでも第四項に移行する可能性を否定しない。同書は言う。「それだけで直ちに引揚や脱退をなすべき性質のものでもなければ、又そうする必要もない」。なぜ第四項でも大丈夫なのか？「勧告がわが国にとって不利であるにせよ、勧告は法律上の拘束力はなく、わが国はこんな勧告に応じる義務は持たぬ」からである。

以上の見通しは、船田や芦田の議論と変わらない。しかし同書は彼らが明確にしなかった点を指摘する。それは「勧告に対手国が服した際、こちらから戦争を起せば第十六条の制裁が問題となって来る」ことだった。同書が注意を喚起する第一六条は「第十五条に依る約束を無視して戦争に訴えたる聯盟国は、当然他の総ての聯盟国に対し戦争行為を為したるものと看做す。他の総ての聯盟国は、之に対し直に一切の通商上又は金融上の関係を断絶し……」と規定している。

国際連盟総会が対日非難の報告と勧告案を可決しても、日本はこの決定を無視すれば足りる。問題は起きない。ところがさらに日本の現地軍が軍事作戦を始めると、国際連盟はこれを日本による新たな対中国武力攻撃と解釈して、第一六条に基づく制裁行動に出る。ここに日本にとって最大の危機が訪れる。同書の見通しの的確さはこの指摘にあった。

ジュネーヴでは松岡ら日本代表団も同様の見通しの下で、脱退回避に努めていた。ところが東京の外務省本省が消極的な姿勢になっていく。松岡は反問した。「第四項に移る場合、既に脱退の方針を御決定相成居るものと解し……差支無きや」。内田（康哉）外相は指示する。「最悪の場合、政府に於て脱退の決意を有することは申す迄もなき義なり」。松岡は私信に記した。「日本政府の御意向小生には頓と了解出来不申」。

「失敗した。失敗した。失敗した」

東京の外務省本省は悲観論に包まれていた。「一方には熱河問題もあることだし……いま三項によってあれこれしてみたところで無駄な話だ」。現地軍の熱河作戦（万里の長城に近接する満州国の領土内にある熱河地方への侵攻作戦）の実行が時間の問題になっていた。

外務省は国際連盟規約解釈のプロ中のプロである。熱河作戦の国際的なインパクトが何を日本にもたらすか、知らないはずはなかった。内田外相らは考えた。このままだと規約第一五条第四項による決着へと向かう。そこに熱河作戦が始まればどうなるか。さきの小冊子があらかじめ注意を喚起していたように、第一六条の適用のおそれが出てくる。そうなる前に、日本から率先して脱退してしまえばよい。内田は指示した。国際連盟臨時総会が対日非難勧告を採択するならば、脱退の意思表示として、議場から引き揚げる。

国際連盟臨時総会は、二月二四日、規約第一五条第四項に基づく対日非難勧告案の採択に進む。他方で極東からの急迫を伝える情報がもたらされた。熱河作戦の開始である。こうなると一刻も早く脱退しなくてはならなかった。

松岡ら日本代表団は、どうすべきか態度を決めかねていた。陸軍が派遣した要員のある者は「知らぬ顔の半兵衛を決め込めばよい」と言った。対日非難勧告が出ても、反対の意思表示をしたのち、国際連盟内に居残ればよい。そのような考えだった。外務省が派遣した外交官の方が脱退に傾いていた。本省と同じ認識である。意見が分かれるなかで、松岡はどちらとも意思表示ができず悩んでおり、迷っていた。

松岡は意を決した。本国政府に対する抗議の意味を込めて打電する。「事茲に至りたる以上、何等遅疑する処無く断然脱退の処置を執るに非ずんば、徒に外間の嘲笑を招くに過ぎずと確信す」。

東京の本省はこれを抗議と受け取ることなく、渡りに船とばかりに脱退を指示する。内田外相の訓令は用意周到だった。「反対投票に当りては単純なる引揚に非ることを示す趣旨の適当の声明をなすことと致度考なり」。松岡らが総会議場から引き揚げても、それは勧告に反対の態度を

演説後、「堂々と」退場する松岡洋右

示したにすぎず、脱退の意思表示ではない。これと相前後して熱河作戦が起きればどうなるか。国際連盟側は勧告に不服なため、新たな戦争を開始したと解釈する。そうなれば対日経済制裁の最悪のシナリオとなる。このような事態に立ち至ることを避けるためには、脱退の意思表示として総会議場から退場しなくてはならなかった。

松岡は「堂々と」退場する。これは松岡のパフォーマンスではない。本省の指示どおりの行動だった。単に引き揚げるだけでは、「閉会に伴う当然の引揚と同一視」されるおそれがあった。脱退の意思表示として引き揚げなくてはならない。この本省の指示に従って、松岡はやむなく、決別の演説ののち、「堂々と」議場後方の出口へと向かった。引き揚げる際に松岡は独り言を繰り返した。「失敗した。失敗した。失敗した」。

3　欧州諸国との新しい外交関係の模索

その後のジュネーヴ情勢

国際連盟のジュネーヴの総会議場から退場した松岡は、帰国後、ラジオをとおして国民に直接、訴えた。「私は徒らに彼等の認識不足を叫ぶことは出来ない。そういうことをいつまでもいっている人は、自分がヨーロッパの特殊事情の認識を欠いているのであります」。脱退の「立役者」として英雄となったはずの松岡が国民に求めたのは、欧州の複雑な事情に対する理解だった。

松岡は言う。欧州は「欧州大戦争の直前の不安な状態、及び危険な状態より、更に甚だしい状態」に陥っている。そのような危機的な状況のなかで、「小国」にとって国際連盟は自国の安全保障の「生命線」である。「小国」を非難するのは当たらない。欧州情勢を理解することが重要である。松岡はそう強調した。

これは松岡の個人的な考えではない。外務省の基本的な立場と同じである。外務省亜細亜局第一課は、松岡らが総会議場から退場した翌日（二月二五日）付で報告書をまとめている。同報告書の脱退に至る経緯の説明は冷静で正確である。「今次聯盟の大勢を作れる小国側の態度は格別日本を憎悪し、支那を愛好すと云うに非ず」。事実、そうだったことは、すでにみたとおりである。

同報告書は四二対一の決議を「形式的に聯盟の権威を維持すると共に欧州の困難なる国際関係に累を及ぼさざる考慮」と位置づける。四二対一の見かけ上の数字とは裏腹に、国際連盟側にとって、これは不本意な苦渋の決定だった。古垣鐵郎の情景描写は印象的である。「無言のまま見守っていたイーマンス議長は、日本代表らが退席し了るのを見届けた後、淋しい力の抜けた声で閉会を宣した。一時に誰も彼もが一種云い様のない空虚を感ぜしめられた。……ドラモンド事務総長は何時までも居残って物思いに沈んでいた。まるで両脚を失った人の様に、彼は何時立上ろうともしなかった」。

日本が自ら進んで脱退した以上、国際連盟側は事実上、日中紛争から手を引いていく。国際連盟は三月一五日に新たに諮問委員会を設けて、満州国不承認のための具体的政策と日中両国への武器禁輸問題の検討を始める。

しかし満州国の不承認を政策化することは「幾多の困難なる問題」があるとして、立ち消えとなる。武器輸出禁止も「南米に於ける紛争国に対する禁輸に付てすら未だ各国の歩調揃わざる」状況だった。

亜細亜局第一課のさきの報告書（二月二五日付）が示すように、国際連盟から脱退したからといって、「我方に取り今日以上甚しく不利なる形勢となるべしとは想像出来ざる」との予測どおりになった。日本は「一般的に平和の維持及文化の発達を目的とする国際事業には引続き誠意を以って参加する」ことになった。

ドイツとの関わり方

日本の国際連盟脱退通告前後から、欧州情勢はヨーロッパ固有の要因によって、緊迫の度合いを高めていく。その分岐点になったのがヒトラーの政権奪取（一九三三年一月）である。

日本はヒトラーのドイツの台頭を警戒する。なかでも有色人種差別は許せなかった。ベルリンの永井（松三）大使はドイツの外務次官、外相に注意を喚起する。「国粋社会党員行列通過に際し其党旗に脱帽表敬の態度を執らざりしとか、或は間諜的行動ありて国家に危害を与うる嫌疑ありしとか等々些細なる理由にて党員の為に拉致殴打等の迷惑を受くるもの今春以来少からざる……」。

永井はこれを「一時的迷惑」として片付けはしなかった。「有色人云々の差別観念を長く法令其他に存し累を我邦人に及すが如きは軽々に看過すべき事項にあらず」。永井はそう考えたからである。

ドイツ側は釈明に努めた。「当国に於ける人種問題は現実の問題として猶太人《ユダヤ》に対する問題なるは御承知の通りなる処……日本国民が自己の血に対し極めて深き尊重の念を有し居るに比すれば独逸国民は此の念に於て甚だ劣れり」。

永井は理解を示した。有色人種差別に対してではない。ドイツ外務省の立場に対してである。「惟うに当国外務省としては人種問題に関し国粋社会党の主義的主張と戦いつつあるものと認められ而して今、当国として我国の国民的感情を害するが如き婚姻禁止其他の法律を制定するが如きこと恐らくなかるべし」。

それでも永井は不信感をぬぐえなかった。永井は本省に「事実上一般民衆に非『アーリア』人種を劣等視する観念を増大せしむることあり得べきは之を予想せざるべからざる」と報告した。

脱退後の欧州外交基軸

日本の欧州外交の基軸は、国際連盟脱退通告後も対英仏協調に変わりがなかった。イギリスとは翌年（一九三四年）にかけて不可侵協定構想が具体化する。日仏間でも両国は外交関係の部分的な修復を試みる。エリオ外相は、日中紛争をめぐる国際連盟におけるフランスの立場をあらためて説明した。「決して日本を目途としたるものに非ず。欧州に於て他日同様の事件発生を防止せんが為聯盟規約の完全なる適用を主張したるに過ぎず」。エリオは付け加えた。「日仏間の国交は依然親善関係を持続せんことを希望する」。

日仏外交関係の修復は二つの方向から進む。一つは満州国をめぐる経済協調の模索として始まる。もう一つは、対独警戒心を共通項とした、対ソ関係の改善による両国の間接的な接近である。日本はこの年の秋、ソ連＝満州国間の北満（東支）鉄道買収交渉の仲介国となって、満州国をめぐる対ソ外交関係の緊張緩和を図る。

欧州情勢は複雑だった。この年（一九三三年）の秋にはイタリアが伊ソ不可侵条約案を提起していた。松島（肇）駐伊大使は観測した。「独伊間特殊の交情関係に拘らず独蘇衝突の際伊国が中立を守るべきことを明にすることに依り独逸『ナチス』の蘇聯邦に対する無謀の暴挙を牽制するの効果ある」。

このような状況のなかで、ドイツが国際連盟から脱退する。永井は日本がドイツと十把ひとからげにされたくはなかった。東京の本省が「日独黙約」説を打ち消し、ドイツの脱退によっても「日本の聯盟に対する態度に何等変更無きを声明」したことを了解しながらも、永井はドイツに対する警戒を怠らなかった。

ファシズム国家への警戒

ナチス・ドイツに対する警戒は日本国内でも同様だった。欧米関係の外事警察は「最も当面的にして且重要性を有する」事項として、「軍事国情調査の防止取締」や「コミンテルンの赤化工作の防止」などと並んで、「ナチス支部」の「活動に留意」することを挙げている。「其の趨く処を察知して国内に於ける安寧の維持に努むる」ことが目的だった。

在日本のナチス支部は一九三三（昭和八）年に、東京、横浜、神戸、大阪、九州に設けられる。党員数は合計で約二二〇名だった。これらをまとめる「全日本支部」は二年後に創設される。しかし「何等具体的活動を開始せず、名目上京浜支部及阪神支部等を統轄するに過ぎざる実情」だった。

日本のナチス・ドイツ観は悪かった。政党のなかでもとくに民政党は、党の機関誌にナチスに対する全面的な批判記事を掲げている（『民政』一九三三〈昭和八〉年一〇月号）。「ナチスの暴政」と題するその論考は、ヒトラーの政権奪取の非合法性を非難してやまない。「今春の総選挙にはヒトラーは徹底的弾圧政策をとった」。この端的な指摘に続けて、それにもかかわらず社会民主党が一議席減にとどまったことを強調する。ドイツ人は「投票すべきものは投票する」。ヒトラーのナチス党は絶対多数を確保できなかった。「然らば如何にして独裁専制に推移することが出来たのであろうか」。筆者は断言する。「唯、暴力に依る」。

ヒトラーのナチス党はどのように暴力を振るったのか。「反対的意見を有するものは片ッ端から突撃隊事務所に拉し来たって殴る蹴る。人事不省に陥らしめられたるもの無数である。而して、其重なる人々は捕縛して『集中舎』に収容する。其数今や五万乃至六万と称せられて居る。其間生命の闇に葬られたるもの夥しい」。筆者によれば、ヒトラーのドイツは「まるで徳川時代の横暴不法に逆戻りした形」だった。

さらにナチスによる労働組合の統制や議事堂放火事件にふれたあと、筆者は言う。「人間の権利はドイツには無くなった」。この論考は「斯様にして人心を威圧して居るナチスの政権は永がくは続かぬと思う。而して其反動期のドイツこそ惨憺たるものであるに相違ない」と結んでいる。

ナチズムとドイツ国民とを区別して、ナチズムを批判する視点は政友会にもあった。『政友』（一九三三〈昭和八〉年九月号）の論考「ファッショと政党政治」は言う。「ドイツに於けるナチズムはドイツ国民の政治的自覚より産れたるものとは思えない」。それでも政権を奪取できたのは、「彼ヒットラー一流の宣伝」によるとする。

その結果、どうなったか。同論考はナチズムを非難する。「ナチスはナチスの政敵を虐殺し、ドイツ文化の源泉たる学者を殺し、幾多の文献を焼却して愛国心を以ってナチスの専売と宣伝し、既に五百有余の法令を頻発してヒットラー一流の政治工作を実行しつつある」。

なぜドイツ国民はヒトラーを選んだのか。「大戦以来悲惨の極にあって藁をも摑む悲境のドン底にあるドイツ国民が、一時的方便として彼にドイツ及ドイツ国民の運命を托したまでである」。同論考は繰り返す。「全ドイツ国民の心からなるナチスとは受取れない」。

ヒトラーに対する警戒は大戦再戦への警戒だった。欧州には「ドイツが又大戦争を始めやしないかと云う危惧」があるという。同論考はヒトラーの責任を追及する。「一九一四年から一九一八年に至る大戦当時と同程度位にドイツをして諸外国に不評ならしめた其の責任はヒットラー政府である」。

このようなヒトラーのドイツと日本が同じ「ファシズム」国家であるはずはなかった。しかももう一つの「ファシズム」国家イタリアの動向は、日独との利害対立を顕在化させかねなかった。日本の国際連盟脱退に続いてドイツも脱退した。しかしイタリアは脱退しなかった。杉村（陽太郎）駐伊大使は以下のように観測した。「徒らに脱退して国際協力の埒外に孤立するよりも仏と結びて聯盟内に勢力を張る方有利なるべく……伊は容易に脱退せざるものなり」。

ムッソリーニのイタリアと日本はエチオピア戦争をめぐって対立する。一九三四年一二月の国境紛争をきっかけとして、翌年、イタリアとエチオピアとの間で戦争が始まる。日本はエチオピアを支持した。軍事援助の構えさえみせた。黄禍論を隠そうともしないムッソリーニに対する反感は強かった。国際連盟はイタリアを侵略国と判断して経済制裁を実施する。日伊両国は接近するよりも遠ざかっていく。

海軍軍縮予備交渉

ドイツとのちがいもはっきりする。ドイツは国際連盟と同時に軍縮会議からも脱退した。日本は留まった。その他の国際連盟に関連する国際会議にも日本は参加し続ける。

ドイツの軍縮会議からの脱退は日本にとって好都合だった。合わせて日本も脱退しようというのではない。そうするまでもなかった。ジュネーヴから日本の軍縮会議全権が報告する。「軍縮が最近欧州問題となり居るは顕著なる事実にして独脱退後の趨勢は一層此の傾向を現実ならしむべしと予想せらる」。

軍縮会議は「事実的に破壊せられた」。それでも継続するというのであれば、日本はどうするべきか。「帝国としては欧州問題に対しては静観的態度を執り之が協定に対しては何等異議を唱えず……」。注意しなくてはならないのは、「独脱退を好機とし其の脱退を欲すとか又は態度を急変せりとの印象を与うる点」だった。「日本が会議に不熱心の態度を示す」ような印象を与えるべきではない。軍縮会議全権は本国政府に注意を喚起した。

広田（弘毅）外相は一九三四（昭和九）年一月の議会において、国際連盟脱退通告後、日本外交が模索した諸外国との関係修復の方向を国内外に明らかにする。広田は言う。「幸に帝国と友好各国との関係は、聯盟脱退後に於ても外交上は勿論、通商貿易上も一層密接となり、親善を加えつつあるは同慶の至りであります」。

広田の議会演説は国内外から好感をもって迎えられる。

国内の新聞は、「各紙共外相の演説に賛意を表し要は今後の外交工作にありとする点に於て大体一致」していた。たとえば『日日新聞』は「外交第一主義を強調せる外相の演説は国民の抱く対外政策を如実に表明す」と報じた。

欧米諸国のなかでは、とくにアメリカの新聞論調が広田演説に対して肯定的な評価を与えた。対米関係をめぐる広田演説に対して、「大に協調的なりとて満足の意を表するもの多く……日本に『リベラル』な分子擡頭し来れりと為すものあり」とワシントンの日本大使館は本国に伝えた。日本において「リベラル」な「穏健」勢力が台頭しつつあるとの判断は、一九三四年の海軍軍縮条約予備交渉をとおして、米英側が確認することになる。

ワシントン、ロンドン両海軍軍縮条約の期限切れを控えて、一九三四年から予備交渉が始まる。日本は参加する。海軍の強硬論を抱える日本代表は交渉に苦慮した。それでもこの交渉は日米英の協調の絆を結び直す重要なきっかけとなった。イギリスのマクドナルド代表は自国政府に注意を喚起する。日本国内では「穏健派」が巻き返しを図っている。「この注目すべき力強い、しかし少数の人々との接触の機会を保つことを拒絶するのは、我々によって全く愚かなことである」。アメリカ代表のノーマン・デービスも同意する。「(「穏健派」が)お国のためになる、と考えていることを実行できるのならば、状況はおそらく変化し、我々は条約に至るかもしれない」。

一九三四年の海軍軍縮予備交渉は、日米英の三国が相互に相手国の国内政治状況を学習する場となった。そこから生まれた相互理解によって、日米英三国は協調の絆を結び直した。

横山正幸の報告

外交関係の部分的な修復の試みは、欧米諸国との相互理解を促す。以下では在ジュネーヴ総領事・国際会議帝国事務局次長として国際連盟脱退通告後も現地にとどまった横山正幸の報告からどのように相互理解が深まったかを再現する。

横山は日本国内の国際連盟無用論を牽制する。「聯盟が先立ちになって、領土の再分配を吟味するとか、原料品の公平な配給を考量するとか、関税競争の調節緩和を計るとか、色々研究したならば、相当の効果を挙げ得るであろうと思う。それに附随して人道的の問題とか技術的の問題とか、仕事は沢山あるであろう。だから聯盟は今後全く無意味であり不必要であると云うことにはならず、之れから案外新時代の要求に応じて大に其の機能を発揮して行くことになりはしないか」。

横山が国際連盟有用論を唱える背景には、ジュネーヴの空気の変化があった。横山によれば、国際連盟側では「機会があれば日本に帰って来て貰いたいと思って居る人が少なくない」という。横山は強調する。ドイツの全面的な脱退に対して日本は部分的な脱退である。「非政治的な問題には協力する」。これによって日本は「全体のインプレッションを良好ならしめ……その態度は紳士的であると云う意味で好評を博す」ことになった。横山はその証しとして、国際司法裁判所判事に日本人が選任されたことを挙げる。国際連盟事務局と連携しながら、各国代表を個別に訪問する選挙運動が功を奏した。「今日では日支事変の当時に比し余程変って来て居る」。これが国際連盟脱退通告後二年以上を経た横山の実感だった。

他方で横山は一九二〇年代から一九三〇年代への時代状況の転換を「国際自由主義」から「国際競争主義」への転換と位置づけていた。この「国際競争主義」の時代に生き残るためには、「日本の味方を見付けなければならぬ」。そう考える横山は、主要国が日本の「味方」か否かを個別に検討する。

評価が低いのはドイツとイタリアである。横山は両国に共通する黄禍論を見出す。ドイツはカイゼル以来の黄禍論の立場だった。「日本がエチオピア贔屓をしたからムッソリニは黄禍論を唱え」た。これではドイツと「一緒になってロシアと戦うと云うような事は到底出来ない」。イタリアも「今直に余り有望でない」ということになる。

独伊に対して横山が高く評価するのは英米である。「イギリスなどを敵にしては非常に損だと思う」。横山は言い切る。「我々が今のヨーロッパで色々なものを見た印象に依ると、イギリスは古川に水絶えずと云う夫れ以上に、まだまだ侮り難き勢力を持って居る。そのイギリスを敵に廻すことは損だ。対英工作は親英一点張で行かなければならない」。

横山が唱えるのは親英米路線である。「我々は近き将来にアメリカと直接喧嘩するような気持にならない。どうかすると今でもアメリカあたりの新聞記事に日米戦争論があるが、併しそう云うものはジェネヴァあたりでは一笑に附して居る。それからイギリスと日本が戦争すると云うようなことも全然問題にしていない」。

対英米協調外交論者の横山は、満州事変以来の日本国内の「極東に於いては我に優るものなしと云う優越感」を批判する。「四面楚歌の日本が此際あまり大アジア主義などを高調して徒に白人の反感を唆ることは却って有害」だからである。横山は重ねて言う。「内々で大アジア主義を鼓吹するも宜いし、弱きを助けて強きを挫くのも宜いが、そう云うことを徒に大言壮語することは損だと思う」。

横山の対英米協調外交論は、日本経済の対外依存の現実を反映していた。「日本は海外から買った原料に加工して其の加工品を売って儲けた差で食って居る。だから外国と絶縁して自給自足経済でやって行けるかと云えば、沢庵と茶漬で三年五年辛棒出来れば格別、それでも果してやって行ける自信があるかどうか非常な疑がある」。

蠟山政道の構想

国際連盟脱退後も独伊ではなく、英米と協調する。これが横山の結論だった。

それでは国際連盟脱退後、日本外交はどのような方向をめざすべきか。日本外交の新しい理念と政策を構想したのは、同時代の知識人である。以下では同時代の知識人の一人、蠟山（政道）東京帝国大学教授の言説を追跡する。

国際連盟脱退後の新しい外交理念と政策を構想した蠟山政道（1979年時）

蠟山は国際連盟脱退後も国際連盟の有用性を述べて「国際聯盟やその他の国際平和機構を中心とする国際的協力の実存疑うべからざる事実」を強調する。蠟山は続ける。「今日如何なる国民の場合に於いても、その指導的地位にある政治家や識者は、必ず国際協調の必要なることを附加せずにはその意見を述べることはない。正面から国際的協力を否定し得る勇気ある者は無智の勇者か国内消費の動機に出でているに過ぎない」。

国際協調を擁護する蠟山の言説の背景には、対外危機意識があった。蠟山は国際連盟脱退後、「独自の国際平和政策を樹立し得ない限り世界の平和機構は破綻に瀕し、その間隙から世界戦争は何時勃発するやも知れない状態が現出」すると予測していた。

世界戦争を回避する。そのために蠟山が期待したのは国際連盟の改組だった。蠟山の議論はつぎのとおりである。「今後の国際平和の為めの機構が現状維持の為めの処理機関ではなく、国民生活の実質的基礎を構成する世界経済の現実に触れて、その改訂の為めに努力し、協力する機構に転換して行くならば、それは国際平和機構としての従来の機能に一定の変化を齎すものであろう」。

他方で蠟山は、日本国内で「昔から根強く存続し来っている国民主義が新たなる装いを以って擡頭し来った」ことを批判する。満州事変をきっかけとするこの「新国民主義」は、「日本の大衆が無意識に有する内面的動向」である。蠟山によれば、「この内面的動向を抑制することは、一時の必要によって成功するかも知れないが、必ずやそれに対する大きい反動を来さざるを得ない」という。蠟山にとって、「新国民主義」は「反動的非常時意識に過ぎない」からだった。

同様に蠟山は、満州事変以来の日本の排他的な地域秩序原理「アジア・モンロー主義」を切って捨てる。「アジア・モンロー主義の如きが、日満両国以外に賛成者が無かった場合には、何等世界的意義を有する主義政策とはなり得ない」。

それではどうすればよいのか。「日本人が真面目に考慮しなければならぬのは、国際聯盟機構の再認識である」。「新国民主義」ではなく、「国際主義」の立場から蠟山は具体的な対案を示した。それは「太平洋に於ける地域的平和機構」(「太平洋平和機構」)または「極東地方組織」(「国際連盟の極東組織」)だった。

蠟山の構想は、国際連盟への日本の単純な復帰ではない。新しい国際機構、より具体的には国際連盟の下部・地域機構としての「極東機構」創設である。これには理由があった。欧州の現実がそうさせた。蠟山は「欧洲諸国が、地元に起った問題の処理に当っては著しく現実的に動き、聯盟諸国は聯盟そのものの価値よりは自国の立場によって行動していること」に注意を喚起する。

欧州情勢は複雑だった。エチオピア紛争をめぐって、蠟山はイタリアを批判する。「伊太利自身の行動が満洲事件に於いて日本に反対したことと矛盾するのは云うを俟たぬ」。ところが欧米諸国のイタリア非難は手ぬるい。アメリカはイタリアに自重を求めただけだった。イギリスに至っては「最初から伊太利の要求に対して或る種の譲歩を予期してかかっている」。これでは「余りに現実的であると言わねばならぬ」。

蠟山の観察するところ、欧州は「勢力均衡の旧式政策に復帰」したのも同然だった。「ファシズム」国対「民主主義」国の境界線もあいまいである。イギリスはヒトラーのドイツに宥和的な態度を示していた。これに不満な、対独警戒心の強いフランスは、ムッソリーニのイタリアに接近する。エチオピアを侵略するイタリアは「甚だ強腰」だった。

このような欧州情勢と一線を画しながらも、国際連盟との外交関係を再設定する。これが蠟山の地域国際機構構想の目的だった。

蠟山が「地域的国際連盟」にこだわり続けたのは、この構想が「持てる国」対「持たざる国」との相克を戦争以外の手段によって解決するほとんど唯一の方法だったからである。対立は英仏米等の「現状維持国」と日独伊の「現状打破国」との間にあっただけではない。「国民主義」運動に駆られた「植民地や小国」が「時機あらば立って、相争う大国や強国の虚を衝くの用意はある」。ロシアを中心としたコミンテルン（国際共産主義運動）が「資本主義国家の覆滅する時期を確信している。しかもその時期は再び世界戦争の勃発の際にあると見ている」。

ここから起こり得る世界戦争の再戦を回避するために、原材料・資源の再分配をおこなう。これができるのは、経済的な国際機構として改組された国際連盟だった。

以上のように国際連盟脱退をとおして欧州に対する認識を深めた日本は、横山や蠟山の議論が示すように、欧州国際機構としての国際連盟と新しい外交関係の展開をめざしていく。


国際連盟脱退によって、日本は国際社会の孤児となった。この強固な歴史理解に対して、本章は別の見方を示した。国際連盟脱退をめぐって、日本と欧州諸国との相互理解が進む。それでも脱退したのは、〈協調のための脱退〉と呼ぶべき歴史の逆説が働いたからである。

日本国内ではほぼすべての主要な政治勢力が脱退に反対だった。ジュネーヴ情勢の緊迫化のなかで、脱退論を唱えるようになるのは、国際協調派の外交官である。彼らは考えた。満州事変の拡大にともなう対外危機（国際連盟やアメリカによる対日経済制裁）を回避し、自ら進んで脱退することで、満州事変を国際連盟の審議の対象から外す。そうすれば、国際連盟の枠外で欧米諸国との外交関係の部分的な修復が可能になる。

事実、国際連盟脱退通告後、状況は予想どおりに進展する。対外危機は沈静化に向かう。日本は新しい地域国際機構の構想をとおして、欧州諸国と外交関係の再設定を試みるようになる。

Ⅲ章　国内体制の模範を求めて

1 「挙国一致内閣」の国際的な連動

河合栄治郎の欧米報告

前章でみたように、国際連盟脱退後の日本は独伊の「現状打破国」よりも英米の「現状維持国」との外交関係を重視していた。これには国内体制との関連において理由があった。

満州事変が拡大するなかで、一九三二（昭和七）年に五・一五事件が起きる。犬養（毅）の政友会内閣が崩壊する。つぎに成立したのは非政党内閣の斎藤（実）「中間内閣」だった。政党内閣は復活するのか。これからの日本政治はどこへ向かうのか。たしかなところはわからなかった。

手がかりを求めて、ある者は欧米に旅立つ。別の者は欧米から伝える。

以下では最初にこのような役割を担った同時代の知識人の一人、「戦闘的自由主義者」として名高い河合栄治郎（東京帝大経済学部教授）の欧米報告（『欧洲最近の動向』）を読むことにする。

河合は一九三二（昭和七）年四月から約一年間、欧州で在外研究に従事する。大半はドイツで過ごした。その間、一〇日間のソ連旅行と一週間のイタリア旅行、二週間のイギリス滞在があった。

一九三三（昭和八）年一月末、河合はロンドンに赴く。リバプール・ステーションで列車を降りる。タクシーで日本旅館のトキワに向かう。落ち着き場所ができると、街へ出た。歩いていると、一人の女性が追いかけてきた。「あなたは昨日大英博物館と国民展覧会とに往きはしなかったか、私はそこであなたに会ったように思う」と言う。河合は「自分は今朝英国に着いたので、そんな所へはまだ往かない」と答える。「自分の室は非常に気持よく、きっとあなたを満足させることが出来るでしょう。酒はないが珈琲はあるし、若し気に入ったら明朝までゆっくりしては如何」。これで河合にも合点がいった。売春婦の客引きだった。

「戦闘的自由主義者」河合栄治郎

河合は驚いた。欧州大戦の敗戦国のドイツならばいざ知らず、イギリスがこの有様とは。世界恐慌の影響は深刻だった。河合は言う。「目下英国に於ける最大の問題は失業者である。何しろ三百万内外の労働者が失業し、その家族を併せると、七八百万に及ぶだろう、之をどうするかで学者も政治家も頭を悩ましている」。

イギリスの労働者は立ち上がったのか。一九三一年一〇月の総選挙は労働党の惨敗に終わった。河合は労働党の敗因を分析する。反対党の争点形成は巧みだった。「国家か階級か」。反対党は失業手当の一割削減を主張した。労働党は認めなかった。それにもかかわらず、労働党は敗北した。労働党政権の成立によって、失業手当の一割削減は回避されるかもしれない。同時に残りの九割が失われるおそれもある。「労働党をして内閣の瓦解を賭してまで争わしめた失業者自身は、却て労働党の候補者に投票しないで、政府党に投票すると云う奇怪な現象さえみられた。蓋し失業者にとっては労働党は失業手当の一割減を反対して呉れたが、政府党の勝利は九割の価値を崩落より救済すると考えたからである」。

労働者が保守党に投票する。二大政党制は崩壊する。イギリス政治は保守党四七一議席、労働党四六議席、このほかに五つの少数政党が乱立して混乱を極める。河合は言う。「英国政界は一九三一年以後混沌そのものであり、曾て二大政党の対立を以て骨子として来た英国が、仏蘭西又は独逸と類似する政情に在る」。

危機の時代は、イギリスにすら二大政党制を許さなかった。イギリスは仏独と「類似する政情に在る」。河合の指摘は日本にも当てはまる。二大政党制に代わる新たな政党政治システムはどのようなものか。これは日本だけでなく、主要国に共通する難問だった。

イギリスもこの難問を考えあぐねていた。それでもイギリスは河合にとって見習うべき国だった。「大敗後の労働党は幾分左傾するだろうが、元来英国民に離すべからざる特徴は立憲的《コンスチチューショナル》と云うことだから、暴力革命の方向に往くとは見えないし、労働党内に所謂プロレタリアと共に重きをなしているのは所謂洋服細民《サックコート・プロレタリア》で之は革命主義にはどうしても賛成しない」。社会主義の基礎的な条件がもっともよく整っているはずのイギリスで革命が起きないのは議会主義の伝統があるからだった。河合は「英国では議会主義は動揺はしない……議会主義の上に立って之を補充する方法が考察されている」と考えた。

河合はイギリス議会主義に対する敬意を新たにした。「自分の今持つ興味は、英国よりも独逸と露西亜とに存る……だが何と云う永い間自分は此の国に興味を持って来たことであろう」。河合は帰国の途に着く。

新渡戸稲造の対米広報外交

イギリスと同等以上に日本が重視していたのはアメリカである。国際連盟脱退通告後、日本外交が最初に取り組んだのは対米関係の修復だった。

一九三三（昭和八）年六月、日本はロンドン世界経済会議に出席する。六〇か国以上が参加したこの国際会議は、世界恐慌克服をめぐって、保護貿易の欧州諸国と自由貿易のアメリカが対立した。日本はアメリカと共同歩調をとる。ロンドン世界経済会議における日本の対米協調は高橋（是清）財政との関連があった。金本位制から離脱し、円安の誘導によって輸出を拡大する。高橋財政の恐慌克服政策からすれば、自由貿易を主張するアメリカと協調するのは当然だった。

　満州事変と国際連盟脱退によって悪化した日米関係を修復するために、日本は広報外交を展開する。その任に就いた一人に新渡戸稲造がいる。欧米でよく知られた、元国際連盟事務局次長の新渡戸は適任だった。約一年間、全米各地での広報外交の活動を終えて帰国した新渡戸は、民政党本部での講演会でアメリカ事情を報告している（『民政』一九三三〈昭和八〉年六月号）。

　新渡戸は日米関係の悪化が深刻なことを強調する。一九二〇年代の排日移民法をめぐる両国関係の悪化の方がまだましだった。アメリカといっても西海岸のアメリカとの部分的な関係悪化だったからである。ところが今度はそうはいかなかった。アメリカの反日感情は「婦人小児に至るまで、或は学者、官民の間に根強く汎く行渡って」いた。

日米関係修復のため広報外交を展開した新渡戸稲造

　日米関係の悪化の責任はどちらにあるのか。アメリカの認識不足を非難する国内世論を批判して、新渡戸は言う。「亜米利加に罪なしというのではないが、それと同時にお互い日本人の努力が足らなかったことを認めなければならない」。「努めれば外国人に相当理解が出来る」。新渡戸の信念はアメリカの民主主義に対する信頼に基づいている。新渡戸はある親日家のアメリカ人のエピソードを紹介する。京都訛りの日本語を巧みに操るその人物は、新聞紙上や演説で日本擁護の論陣を張った。「日本から銭を貰ったとかいう非難を受けたけれどもそれを厭わずして日本の弁護をした。彼れの云う事によっても相当反響があった」。「説明すれば判る国民」。これが新渡戸の評価だった。

講演の最後で新渡戸はあらためて日米協調の重要性を訴えた。「商業の方面から云うても、地理的関係から云うても文化の方面から云うても、確に亜米利加が最も親善を敦くすべき国柄ではなかろうか」。

新渡戸の講演録の掲載誌（『民政』の同じ号）には、アメリカ理解の一助になっただろう、興味深い寄稿文がある。欧米経験が長い著者はアメリカ滞在中の挿話を記す。それは小学校でのディベートの授業だった。「討論の用語の如きも極めて正しく、人を傷け、又自分を傷くる様な悪い言葉は、絶対に使用しない。又時間を、厳重に守って、議長から、槌を打って中止を催促される様な長談義をする者もない。又日本の演説会のように野次を飛ばして、人の言論を妨害する様な不届者もない」。感嘆した筆者は日本に向きを変えて言う。「米国の小学校児童の討論会を日本の青年団や、諸学校や地方、中央の議会の人々に見せ……たいものである」。

事ほど左様にアメリカ国民の政治意識は高い。これも「平常各政党の主義、主張、政策、行動等を検討して居って総選挙に臨むのであるから甘言に乗せられたり、利益問題で動かされたり、乃至は村長様が如何の、地主様から頼まれたからこうのという様な情実にからまれたり又は五十銭や一円の端した銭を貰ったり、朝日や敷島一箇を貰って投票するという様な我が国の選挙界に事実行われて居る様な馬鹿気た事はないのであります」。

アメリカの議会制民主主義を美化しすぎているかもしれない。それでも普通選挙制度の下で金権政治を繰り広げる日本の遅れた民主主義を批判する視点は貴重である。筆者はアメリカの政党政治に学べと主張する。「昭和七年五月十五日、一発の弾丸に因って、政党の信用を失った事を今更の如く暴露された今日、憲政の常道復帰を希う同志諸君は思を三度此の点に致され度いと希うのであります」。

一九三二（昭和七）年の五・一五事件によって政党内閣は崩壊した。つぎに成立したのは斎藤（実）の「中間内閣」だった。政友会も民政党も政党内閣の復活をあきらめなかった。どのような政党内閣を復活させるべきか。この問題に対する一つの答えがアメリカだった。アメリカを模範国として、政党政治を立て直す。国内体制の修復と外交関係の修復とは相互に連関し、対米協調の模索となっていく。

日米関係、蠟山の結論

対米関係の修復に向けて、日本外交はシグナルを発する。それは新渡戸だけでなく、斎藤(博)駐米大使の広報外交や一九三四(昭和九)年の近衛文麿の訪米となって、具体的な展開を示す。

近衛の訪米には蠟山政道が同道している。蠟山は帰国後、雑誌への寄稿や講演をとおして、国民にアメリカ事情を説明する。

蠟山のみるところアメリカは「自己中心の国」である。アメリカ人に接して蠟山が感じたのは、「総て人間の尺度を自己に置いて居る様な傾向」だった。対する日本人は「内に内にと省み、心に思っていることもよく言わない、外に自分の考えを表白しない傾向」がある。このように対照的な国民性の違いを持つ日米両国は、「容易に話し合のつかない融和のし難い」関係に在ることになる。

そこへ満州事変が勃発した。日米関係は悪化する。蠟山は日米関係の悪化を「支那と云う地域に於て日米が衝突し、又せんとしている問題」と解釈する。日米の衝突は文明の衝突だ。蠟山はそう言う。「西洋文明との対抗から生れた意識の下に、兎に角自己の隣接地域を中心に自国の安全とその発展とを考えて居る、日本の最近の動向と衝突した」からである。

この文明間の衝突はどこへ向かうのか。蠟山は満州事変前後のようなアメリカの対日感情の悪化や日米戦争の可能性を否定する。満州事変から国際連盟脱退を経る間に、アメリカの対日認識が進んだからである。「日本の問題、極東の問題に対する事情が判って来た。……問題の性質が自分達の今迄抱いていた考え方では割切れないものを持っている、と云うことを自覚し始めた」。ところが「斯う云うことが判って参りましても、自分の方でどう之を変えて行けばいいか、と云う対案がない」。そうである以上、蠟山は今後の日米関係を「今直ぐどうなる、例えば戦争に成るかと云えば、必ずしも直ぐ、戦争に成ると云う関係ではない、然し放って置けば戦争に成るかも知れないと云う様な関係」と予測する。要するにアメリカは「静観主義に戻る」。これが蠟山の結論だった。

近衛文麿のアメリカ印象記

蠟山が同道した近衛訪米の表向きの目的は、留学中の長男の卒業式への出席である。もう一つ近衛の訪米には目的があった。元老西園寺公望や宮中の政治勢力の親米路線による外交関係の修復である。表向きと真の目的とは相互補完的だった。新聞メディアは近衛訪米を大きく報道する。かつて「英米本位の平和主義を排す」と唱えたはずの近衛が長男をニューヨーク郊外の高校に留学させている。あえてこの事実を明らかにした意図は、対米関係修復への意思を自国民に間接的な形で伝えることだったと推測できる。

近衛のアメリカ印象記は蠟山の場合と類似している。あるいは蠟山の影響を受けて、近衛はアメリカ観を作ったと言うべきかもしれない。

近衛文麿は訪米しアメリカ観を部分的に修正する（1938年時）

たとえば近衛は、蠟山の言う「自己中心の国」アメリカをつぎのように表現する。「兎に角米人は自分達の持つデモクラシーの原理が最高のものと考えているので総てはこれに当てはめているので日本のやって行く事がそれとピッタリと来るのは中々の事だ」。

そのアメリカが日本を理解するのは困難だ。近衛はそう考えた。一九三四（昭和九）年六月一六日付『東京朝日新聞』掲載の近衛の「ワシントン印象記」にはつぎの一節がある。「〔アメリカは〕日本の立場を真に認識しているとは考えられない……日本の満洲における行動が……日本の動かすべからざる国策なる所以を彼等が真に理解するまでには相当の時日を要するであろう」。

近衛からすると、アメリカは日本の国内政治を誤解していた。近衛は船中において、記者団に語る。「今日米国有力者の対日関心は政治的の動向である、特に軍閥によって政治が独占されているにあらずやとの誤れる観念を抱いているものがある」。

アメリカで実際に見聞したところ、近衛は蠟山と同様に、見方を部分的に修正する。アメリカは日本を理解していた。「ルーズヴェルト大統領並にハル国務長官は日本及び日本人に対し相当なる理解と好意を寄せているようである」。

近衛は帰国後、政府に提出した意見書のなかで、アメリカに理解を求めることの重要性を強調して、つぎのように述べている。「日本の内政事情や軍部の地位等につき彼等の理解の行く方法を以って説明する時は、彼等は従来とは異れる知識を得たりと異口同音に答うるを常とす」(『東京朝日新聞』一九三四〈昭和九〉年八月八日)。

予備交渉決裂が相互理解に

近衛の意見は実際に活かされる。政府は日本の国内状況に関する情報をアメリカ側に伝える。日米両国政府レベルでの相互理解が進展する。その重要な機会となったのがこの年(一九三四〈昭和九〉年)の海軍軍縮条約予備交渉だった。ワシントン(主力艦保有制限)、ロンドン(補助艦保有制限)両海軍軍縮条約の有効期限切れを控えて、日米英三国は予備交渉を始める。

結論からさきに述べると、予備交渉は不調に終わる。日本は海軍軍縮条約体制から離脱する。しかし対米英関係が悪化することはなかった。予備交渉をとおして、国内事情をめぐる相互理解が深まったからである。

日本側はシグナルを送る。斎藤駐米大使は五月一九日にハル国務長官に日本側の基本的な立場を説明する。「国際会議に於て支那問題を議することは『ワース、ザン、ユースレス』と考えざるを得ず」。他方でワシントン条約は「之を厳守する覚悟なり」。斎藤は六月一三日にローズヴェルト大統領と会見する。ローズヴェルトは「具体的問題に付『リアリスチック』の立場より解決を試み行く事」がもっとも重要であると述べた。さらに松平（恒雄）軍縮会議代表（駐英大使）がアメリカの軍縮会議代表ノーマン・デービスに満州国・中国問題を議論することの不可を念押ししたところ、デービスは「右問題を提起する考えなきこと」を重ねて言明した（六月一九日）。

以上の一連のやりとりから日本側は、アメリカが軍縮交渉の場で満州国・中国問題を持ち出す意思がないことを確認した。そうであれば海軍問題のあらゆる争点の議論に応じる。積極的な姿勢に転じた日本側は、シグナルを発信する。松平はデービスに、日本国内では「リベラル派が力を増していること」を強調し、ロンドン海軍軍縮条約を支持した「穏健な海軍軍人」岡田啓介が最近、組閣したこと、そのこと自体がよい兆候であると伝えた。

予備交渉の過程は、アメリカにとって日本の国内政治状況を学習する過程だった。アメリカ側は日本側の発信したシグナルをキャッチした。松平たちの努力は、部分的にではあれ、報われる。一二月四日の米英会談では、日本代表団への同情的な発言があいつぐ。

イギリスのマクドナルド代表は言う。「彼〔山本五十六日本代表〕は本心では条約を望んでいるが、しかし我々に対して虚勢を張る義務を負っている」。マクドナルドもデービスも彼ら「穏健派」に期待する。デービスは大統領に進言した。「現在我々がすべきことは、できる限り辛抱強くかつ賢明に努めることだけであり、これ以上、日本の世論の火に油を注ぐようなことをしたり言ったりすることではありません」。

日本の模範国として

日本はこの年の末にワシントン条約の廃棄を通告する。対する米英は何ら共同行動に出ることなく、「穏健派」の復権に期待しつつ、事態を静観した。広田（弘毅）外相は廃棄通告に際して、「アメリカの方も大したことはあるまい」との見通しを示した。

日米の相互理解は日本側に両国の類似点の発見をもたらす。アメリカの現状を分析するある著作が指摘する。「現代民主主義国――といっても実際この範疇に加え得るのは英、仏、米の三国のみであるが――の中で、アメリカほど二大政党対立主義の厳重に維持されている国はあるまい」（『革新政治下の米国―朝日時局読本第六巻』）。英仏が多党分立傾向であるのに対して、アメリカは依然として二大政党制だった。

ところが「今日に於ては共和党も民主党も、その組成分子及び政策の上から見て殆ど差異がないことは、丁度我国の政友会と民政党の如きものである」。日本の二大政党に比すべきアメリカの二大政党の対立は後景に退き、大統領の政治的なリーダーシップによって「革新政治」が進んでいた。「現ルーズヴェルト大統領のニュー・ディールは、現代の客観的情勢と、彼の改進主義と人的組織により、独特の体系をなし、知識階級のみならず、労働階級の絶大の支持を受けている」からだった。

以上の指摘が何を示唆するかは明らかだろう。日本も二大政党が提携して「挙国一致」体制を確立するべきである。英仏はもちろん、アメリカのような二大政党制の国でさえそうなのだから。同書は「ルーズヴェルトによって推進される果敢な、そしてスピーディな革新の歩み」を賞賛する。「復興と改革の二面を持つニュー・ディールの目ざすところは、社会正義に立脚して生活の不安を除き、機会のデモクラシーを確立することを信条としている」。多くの困難を抱えながらも政治の「革新」に取り組んでいるアメリカは、日本の模範国だった。

2 国家主義のなかの欧米

岡田忠彦の欧米視察

英米との「挙国一致内閣」の国際的な連動は、一九三〇年代の危機のなかで、英米対独伊の対立を相対化していく。イデオロギーのちがいを超えて、英米独伊などの欧米諸国に共通する国家主義（国家中心主義）が台頭する。

以下では岡田（忠彦）政友会顧問の欧米視察記録（『政友』一九三五〈昭和一〇〉年一二月号）を一事例として、欧米の国家主義に対する理解の進展を示す。

岡田は一九三五年の春から秋にかけての半年間、欧米を視察する。視察先は米英独伊仏ソ連の

国家主義が台頭する欧米を視察した岡田忠彦（1937年時）

六か国である。

アメリカ

最初の訪問先のアメリカでは、国内全体を揺るがす政治的な激震が起きていた。五月末に最高裁判所がＮＩＲＡ（全国産業復興法）に違憲判決を下した直後だったからである。ローズヴェルトのニュー・ディール政策に急ブレーキがかかったかにみえた。

ところがホワイトハウスで岡田が会見したローズヴェルトは意気軒昂だった。岡田は驚いた。「今貴下は復興計画の為め渾身の努力を捧げて居られる。蓋し、累代の大統領中最も忙しい大統領である。然るに貴下の快活にして健康なる御様子は如何にも愉快に思う」。岡田は秘訣を質問する。ローズヴェルトは答えた。「屈託せざることである」。岡田は感心した。「私は此のものに屈託せざる意気こそ亜米利加の人々の精神で大統領の此一言は最もよく之を代表して居ることを感じた」。

ＮＩＲＡの違憲判決にもかかわらず、ニュー・ディール政策に邁進するローズヴェルトは、岡田に国家主導のアメリカの姿を印象づけた。「大統領が四十八億の予算の執行を議会から無制限に委託せられ、之を復興に充てんとする其雄姿は唯だ驚嘆の外は無い」。アメリカは大恐慌下にあっても、生気がみなぎっていた。

イギリス

対するイギリスは静かだった。悪い意味ではない。「事物が落着きを見せている。新聞の論調も概して穏健」だった。静穏の背景にあったのはイギリス議会主義の伝統である。岡田は好感を抱く。「英国の人は議会政治に対しては何等の疑を挟む事なく、一意之に依りて国運を打開して行かんとする心持が上下の間に漲って居る事は私の最も愉快に思う所であった」。イギリスも議会主義の下での「挙国一致」体制を確立していた。

ドイツ

イギリスとは対照的に、アメリカと類似した躍進を遂げつつある国として岡田が注目したのはドイツである。

岡田はヒトラーの来歴を立志伝中の人物であるかのように紹介する。「ヒットラー氏は独乙の国境近くの寒村に生れ、初めペンキ屋であったと言うことである。仕事の余暇を見て、ミュンヘン図書館に通い万巻の書を読破し、殊にショペンハウエルの哲学には最も通暁して居ると云われる。ヴェルサイユ条約の圧迫に憤慨して同志を糾合し、独逸南方の都ミュンヘンより一度伯林に進撃せんとして捕えられて投獄せられ、放たれて再び伯林に進撃し遂に今日の地位に昇った」。

岡田の観察するところ、ヒトラーのドイツの政策は、失業対策や農村救済に重点があった。ニュー・ディール政策と大差はない。ちがいがあるとすれば、それは「宗教的であり神秘的な処にその特色がある」点だった。

岡田はゲッベルス宣伝相を始めとする主要閣僚と会見する。好印象を得た岡田は記す。彼らは「何れも辺幅を飾らず、熱意胸に溢れ、熱心の余り、卓を敲き、机を蹴り、説いて止まざる有様は驚嘆に値する」。ヒトラーのドイツは躍進する国家社会主義の国だった。

イタリア

イタリアはドイツと「同様の歩みを為して居る」国である。岡田はムッソリーニを肯定的に評価する。「元より世の辛酸苦盃を嘗め尽したる一代の偉人たるを失わない」。岡田はムッソリーニの官邸を訪れる。「いとも大きな部屋の向うの隅に頑丈な大テーブルが据えられ、ムス氏は之を前にして座し……長い道中を歩して漸く机の前に行くと、ムス氏はやおら身を起し微笑を以て私を迎え」た。

これは独裁者を演出するムッソリーニのいつもの手だった。駐伊大使の吉田茂はこの演出に我慢ならなかった。しかし岡田の印象は悪くなかった。別れ際、岡田がやや儀礼的に「時局重大身体を大切にされよ」と握手すると、ムッソリーニは「大きな目を見開き、余は健康など少しも厭わぬ、偏に伊太利の将来を思うのみである」と答えた。「其時の気合は誠に峻烈なるものがあった」。岡田はムッソリーニのナショナリストぶりに圧倒された。

フランス

フランスは岡田にとって「不思議」な国だった。共和制にもかかわらず、「右に王党あり、左に共産党あり、何れも公然認められて居る」からだった。岡田はこの素朴な疑問をある閣僚に投げかけた。「我国では言論の自由が一番大事である、多少でも言論圧迫の疑を人々に抱かしむるに至っては事重大である」。

今度は別の「名士」に質問した。「貴下の国は余りに頻繁に内閣が更迭するが国の為め甚だ不利益ではないか」。先方は答える。「内閣が更迭しても政治の大綱は容易に変るものでない……仏蘭西にては百の内閣代るも政策に変化」なし。多党が分立しながらも、挙国一致体制の下にある。それがフランスだった。

ソ連

最後に岡田はソ連のモスクワを訪れる。意外だった。食料品の切符制度は廃止されていた。市内には二〇〇以上のダンスホールがある。「政府奨励の下に、踊らざるもの人に非ずと云う有様」だった。「凡ゆる私生活は自由へと解放」されていて、「財産を子孫に譲ることも許され」ている。資本主義国と大きく異なるところはないようにみえる。それでもソ連は社会主義国だった。「実際主義のスターリン独裁の下に政策は運用されて」いた。

以上の岡田の欧米視察記録が示唆するところは、体制の接近である。ソ連といえども、資本主義システムを部分的に取り入れていた。他方でアメリカなどが計画経済を導入していた。政治主導による「国家」「社会主義」政策は、程度の差はあれ、どこの国でも共通だった。日本も同様の体制を選択する。斎藤（実）・岡田（啓介）両内閣は「中間内閣」から「挙国一致内閣」の色彩を強くしていく。岡田内閣は与党化した民政党と社会大衆党が支えていた。この内閣は、革新官僚が立案し、軍部も支持する社会民主主義（「国家」「社会主義」）政策を展開しつつあった。日本の政治体制は、同時代の主要国と共通する、「国家」「社会主義」に接近していく。

星島二郎がみたナチス党大会

その日本が主要国のなかでとくに注目するようになったのはドイツである。日本はヒトラーのドイツをどのように受容していったか。以下では政友会の衆議院議員、星島二郎のナチス党大会見聞録（『政友』一九三六〈昭和一一〉年五月号）の例をとおして明らかにする。

ナチス党大会を見聞した政友会、星島二郎（1958年時）

星島は一九三五（昭和一〇）年にドイツを訪れる。「新式兵器のすさまじい実演」の観兵式ののち、数十万人を前に、ヒトラーが演説する。「全観衆は酔えるが如く、このような光景を見て、独逸に一二年おれば皆ヒトラー党になってしまうのも無理はない」。星島はそう思った。

ヒトラーの大衆扇動術は、そうとはわかっていても星島を揺さぶった。星島は率直に言う。「この光景に接し、その真剣な態度を見て、ムッソリーニよりも好きになった。殊に彼がカトリック教とユダヤ人排斥をやっているのを見て、これは図に乗って生意気な、すぐ失敗すると思っていたのが、この演説を聞いて、ユダヤ人のことはわからないが、カトリック排斥に就ては同意したくなった」。ヒトラーは「単なる右傾的野心家の政治家でない」。星島を惹きつけたのは、ヒトラーの演説だった。「『自分は神を信ずる。信仰なくては生きられない。然し今日あの大きなカトリック教会堂の中に果して神が宿っておられるか。神は只このゲルマンの正しき血の中にのみ在せらる』」。

ヒトラーの演説が終わると、観衆は「『ハイルヒトラー』を叫んで暫し止まず、実に一寸見られぬ壮観であった」。熱狂が去ったあと、星島は我に返る。日本の政党政治家としての矜持が甦る。

日本はドイツとは違う。星島は誤解されることを恐れて、大急ぎでヒトラーのドイツに対する批判を付け加える。「斯く申すと大分ヒトラーかぶれになったようであるが、それは現在のドイツ、又ドイツの国民性として已むを得ないことと認めるのであって、独裁政治はヒトラーも自分の死後を心配して今より演説する如く、長き政治はやはり廻り道のようでも、皆の同意したる多数決政治でなければならぬ。その点、日本とは違うことは誤解のないよう願いたい」。

星島はドイツにおける独裁政治と議会政治の関係が気になった。「彼〔ヒトラー〕も決して議会政治を否認しているのではない」。そのように見受けられたからである。星島は同大会の翌日、ルドルフ・ヘス副総統と会見して、疑問を質す。

星島「ヒトラー総統の昨日の党大会の演説を聞くと、従来の議会主義を否認されていたが、然しあれはドイツ従来の議会を指したもので、民衆の総意を摑んで政治することは反対でないように思う。現にこの度の会議でかく度々の総統の演説は寧ろ自己の意見を多数党員にまた国民に訴え、そして同意を求めんとする態度と思うが如何？」

ヘス「そう見てくれることは最も吾々の精神を理解してくれるものだ」

星島「自分は議会人である。議会政治が一番よくまた正しいものと信ずる一人である。然るに国民性のよく似た点ありまた日本と関係深いドイツのやり方は、日本に非常に影響を及ぼす故に率直に聞きたいのだが、独逸は従来の議会制度を否認するのでなく、これを改めて新らしき議会制度を創設せんとするのではないか」

ヘス「全く君のいう通りだ。今迄のドイツの議会では駄目だ。真の代表者が代表されず、本当の国のための仕事が出来ない。そこで新らしい吾等の議会は、昨日の党大会のように真の代表者が各地より代表されて来なければならぬ。君の言う通りだ」

ファシズムと民主主義は同じ一つのコインの裏表である。議会制民主主義の成立を前提としてファシズムが台頭する。ヒトラーの登場はワイマール共和国がすでに存在していたからだった。星島は議会制民主主義を改革する過渡期の政治体制として、ファシズムを容認する。「私は思った。現在独逸の専制的態度と言論圧迫の状況に就ては、共産党のはびこった後始末のこととて或は已むを得ないかも知れないが、早く常態に還って貰いたい、復旧復興の熱と努力に対しては実に全幅の敬意を表したい」。ドイツの現在は日本の未来かもしれない。星島の観察は暗示的だった。

ドイツに傾斜する鳩山一郎

星島は日本の政党政治家としての立場を堅持して、ヒトラーのドイツを暫定的な過渡期の体制として理解している。星島と同じ政友会の国会議員でありながら、さらに一歩、踏み込んだ人物がいた。鳩山一郎である。政友会総務の鳩山は、一九三六（昭和一一）年の夏、静養先の軽井沢で語る（『政友』一九三六年九月号）。

鳩山はボールドウィンの本を読んで、「デモクラシー」について考えた。「国民がみな良心の命ずるところに従って国家のために尽くす。みずから進んで、喜んで尽くす、そうした気持になることについて、果してどういう形式の政治がいいか、そのことを専制政治と議会政治との比較論に持っていって実にうまく論じて居る」。

鳩山一郎にとってヒトラーのドイツは模範だった（1945年時）

鳩山において「専制政治」と「議会政治」の境界線はあいまいなものになっていく。「国民全体のレベル」を上げるにはどうするべきか。「非常時においては特にコーポレーションでなければいけない」。

鳩山はヒトラーのドイツに傾斜する。「ヒットラーも民族のコーポレイションに努めている、僕はヒットラーがやったことで一番いいと思うのは強制労働だと思う、強制労働というのは、貧乏人も富んだものも、ある年齢に達したならば、兵役義務につかせると同じように一年か二年の強制労働をさせるのだ。それでお互の生活を知り合うのだネ、道路をつくるとか、山野を開墾して田畑にするとか、何十万という青年子女を従事させる、そして、その間に共同奉仕の信念が養われる、この共同奉仕の信念を養うために強制労働をやったことは、ヒットラーが非常にいいところに目をつけたものだ」。

鳩山が感心したのはこれだけではない。「犯罪者または肺患者には強制的に子孫をふやさぬようにしている」。鳩山は「新興ドイツは実によく庶政一新をやっていますネ、今のようだったらドイツは十年なり二十年の後には非常によくなると思う」と言った。

なかでも鳩山が注目したのは教育だった。「大戦中に生育した二十五歳前後の女子供はとても仕様がないそうだ、化粧品を沢山使うとか、タバコをのむとか、だらしないとか、兎に角素質が悪い、それで二十歳以下のものにヒットラーは目をつけて、新教育によって祖国を再建しようと努力している」。鳩山にとってこの点でヒトラーのドイツは模範だった。日本も「小学校教育を改善して」、「皆ながお子供や教師のために助力するというようにしたらいいと思う」。鳩山はヒトラーのドイツに新しい生活様式を見出した。「皆が真、善、美でありたい」。

伍堂卓雄の評価修正

ヒトラーのドイツに対する評価の修正は、政友会だけでなく、民政党もおこなう。民政党の機関誌『民政』は、一九三六（昭和一一）年五、六月号に伍堂（卓雄）昭和製鋼所社長の講演録を掲載している。これは前年の一九三五（昭和一〇）年一一月中旬から約二か月半のドイツ滞在報告である。

伍堂はドイツの主要閣僚（ゲッベルス、ゲーリング、シャハト、ノイラート、そしてヒトラー）と私的な会見の機会を持つことができた。

ヒトラーに対する伍堂の印象は、狂信的な独裁者ではない。簡素な生活を送る勤勉な愛国者である。伍堂は言う。「ヒットラーに会った私の感じは、非常に潔白な奉仕的な人格者でありまして独身者であるからでもありますが、役所の一室に寝起きをして、極めて簡素な生活を営みつつ、身命を捧げて日夜国務に没頭しつつあるのであります」。

「ヒトラーの下での平等が達成しつつある」とした伍堂卓雄（1937年時）

伍堂はそのヒトラーが率いるドイツをどう見たか。結論をさきに述べる。ドイツは「国家」「社会主義」政策の展開によって、ヒトラーの下での平等を達成しつつあった。以下、伍堂の講演録から要約する。

失業対策と農村救済策

伍堂がヒトラーのドイツの国家社会主義政策として注目したのは、大規模な失業対策と農村救済策である。

「多少宣伝もあるかも知れませぬ」。そう断りながらも、伍堂はヒトラー政権の成立後、失業者が六五〇万人から一五〇万人へと減少し、三年間で五〇〇〇万人が救済されたと説明する。ヒトラーは公共事業に失業者を吸収した。伍堂は公共事業の例として、アウトバーン、キャナル水道、橋梁、海岸の埋め立て事業、労働者住宅の建設などをあげている。

もう一つの農村救済策に関して、伍堂はヒトラーが「農家の保健増進に努力」していることに注意を喚起する。あるいは政府が遊休地を借り上げて、「下層階級の保健のため又は野菜を作るとか鶏を飼うとかの為めに一定面積を区劃して殆んど無料で貸し与えて」いると紹介する。

ヒトラーの下での平等

伍堂は企業経営者として感心した。ドイツでは「国家」「社会主義」政策によって、資本家と労働者との間の「階級的対立観念と云うものが殆んど現れて居ない」。伍堂は賞賛する。「此の点は何の工場へ行きましても監督者と労働者間の挙動の上に現われて居りますし、其の影響が外来の観覧者に対しても、誠に気持よく現われるのであります」。

伍堂が視察した製鉄工場では、労働者が八時間、休憩をとることなく、連続して働いていた。工場の現場では、「監督者」も「職工」も、「ハイル・ヒトラー」と手を挙げてあいさつする。「ヒットラーを崇拝する国民の一元的精神が極めて徹底」していた。

伍堂は鳩山と同様に、ヒトラーの国民教育にも強い関心を持った。ヒトラーの国民教育の目的は「公共の精神を養い、此れによって階級的観念を打破し、民族精神を作興せんとする」ことにあった。伍堂のみるところ、国民教育のなかでドイツがもっとも力を入れているのは、「労働奉仕団」だった。伍堂はベルリンの西五〇キロの開墾地にあるキャンプを訪れる。ちょうど労働時間中だった。「折柄降りしきる雪の原野に於て、作業服を着た雄々しき青年の一隊が溢るる如き元気を以て、鶴嘴とシャベルを振い、排水工事に従事しつつある誠に壮快なる光景を目撃致しました」。

伍堂を感動させたのは、それだけではなかった。「近寄って見ますると、クルップ〔ドイツの大企業〕の息子も居れば労働者の息子も居る。誰を見ても、健康青年の標本を見る様でありました」。労働奉仕団のなかで働く青年たちに階級差別はない。平等だ。伍堂は感銘を受けた。

伍堂は女子労働奉仕団も訪問する。農家の手伝いからキャンプに戻ってきたところだった。「誰も彼も作業服凜々しく、所謂颯爽たる健康美」だった。伍堂が驚いたのは、キャンプの生活の粗食ぶりである。「芋、豆其他の野菜に、肉の汁をぶっ掛けた様なものを丼鉢に盛ってテーブルの所々に置いてある丈け」だった。しかし悲惨な生活ではない。その反対だった。「キャンプ生は激しい労働の後でありますから、何れも甘そうにこれを平げまして、見る目にも誠に愉快な光景でありました」。

伍堂は女子労働奉仕団への参加が結婚資格の重要な要件になると知って納得した。「簡易生活と労働の体験を得たのでありますから、斯様な結果となる事は、寧ろ当然であると思われます」。

新しい国家像と生活様式

伍堂はヒトラーのドイツを手放しで称賛してはいない。企業経営者らしい観察もある。それはヒトラーの「国家」「社会主義」統制経済体制と資本主義自由経済体制との矛盾・対立である。伍堂は「ヒットラー政権が没落するであろうと観察をする経済人」の声を耳にしている。それゆえ「ヒットラーが外に向って、今や独逸全国民は一団となって、新国家の建設に奮闘しつつあるとの言明は、額面通には受取れないのであります」と冷静な判断を示す。

それでも「ヒットラー政権が没落するだろうとは私は思いませぬ」と言う。なぜならば「ヒットラーが如何にも大衆の心を確かりと把握して居る」からだった。伍堂によれば、ヒトラーは「一部財界の不平は覚悟の前」で、「国家」「社会主義」の国ドイツの再建に邁進していた。ドイツ視察から得た結論として、伍堂は言う。「少青年男女の国民教育に全力を注ぎ、偉大なる効果を挙げつつある」。そのドイツが「容易に崩壊するものとは私は信じない」。

以上のように、政権奪取の数年後には、日本の政党のナチス観は大きく転換した。ユダヤ人に対する迫害、カトリックへの弾圧、言論統制、そういった独裁国家の現実を十分、承知のうえで、それでもヒトラーのドイツの受容に傾いていく。ナチス・ドイツが日本に示した新しい国家像と生活様式は、日本の模範となった。

3 民主主義の再定義

英米協調論者の対独伊接近

新しい国家像と生活様式をとおして、ファシズム国家に接近する日本は、独伊の国際的な立場に対する理解を深める。たとえば山川端夫《ただお》の論考からこのことがわかる。山川がその経歴から英米協調論者だったことは明らかである。山川は外務省条約局長を務め、国際法学者として国際連盟協会の創設に尽力し、貴族院議員としても活躍する。

山川が一九三六（昭和一一）年六月号の『民政』に寄稿した一文も、こうした経歴にふさわしい内容だった。山川は国際協調路線の堅持を主張する。「日本の対外的国力発展の上から見て我国の外国関係は切っても切れぬ因縁が結ばれて居るのだから……進んで各国の対立的関係を打開し、善導して今日の排外的遣口を改めしめ共存共栄の朗らかなる大道に立返らしむる大抱負を以て進まなければならぬ。……一層平和的に対外進出を計ることに重点を置かなくてはならぬ」。

日本の進路を平和的な対外発展と掲げる山川であっても、独伊に対する同情の念は強まる。山川は言う。「両国民共に今日の不満足なる現状を打破するに非ずんば自国が立ち行かぬと観て居る。其境遇には我々も同情を惜しまぬものがある」。

山川はヒトラーとムッソリーニが台頭した背景に、ヴェルサイユ体制の桎梏を見出す。「欧洲今日の混乱状態は、世界大戦の結末が其当を得なかったことに帰因する。もっと具体的に言えば、仏国が余りに高圧的政策を以て独逸に臨み、終始一貫飽まで条約の規定を楯として其復興の勢を抑え付けけんとするところに禍根は伏在して居る」。このように理解する山川は、独伊の対外行動を正当化する。「飽まで之を抑えんとすれば、其極遂に其不満を勃発させるは当然の事象である」。山川の例にみるように、日本の英米協調路線は独伊に接近する。

斎藤隆夫が説く「中道」

英米から独伊へ、このような転換に批判的な政党政治家もいた。民政党の斎藤隆夫である。斎藤は、二・二六事件（一九三六〈昭和一一〉年）をめぐる軍部の政治介入を批判して、五月の議会において「粛軍演説」をおこなう。この演説の一節は言う。「元来我が国民中には動《やや》もすれば外国思想の影響を受け易い分子があるのであります。欧羅巴戦争の後に於て『デモクラシー』の思想が旺盛になりまするとﾞ云うと、我も我もと『デモクラシー』に趨る。其後欧州の一角に於て赤化思想が起りまするとﾞ云うと、又之に趨る者がある或は『ナチス』『ファッショ』の如き思想が起ると云うと、又之に趨る者がある。思想上に於て国民的自主独立の見識のないことはお互に戒めねばならぬことであります」（『民政』一九三六年五月号）。

斎藤は左右の両極端の考えを排除する。「左傾と云い右傾と称しまするが、進み行く道は違いまするけれども、帰する所は今日の国家組織、政治組織を破壊せんとするものである。唯一つは愛国の名に依って之を行い、他の一つは無産大衆の名に依って之を行わんとして居るのでありまして、其危険なることは同じことである」。斎藤の主張は「中道」を行く議会政治家にふさわしいものだった。

民政党の斎藤隆夫は「粛軍演説」を熱弁する

斎藤の演説は議会で満座の割れんばかりの拍手をもって迎えられた。寺内（寿一）陸相も「私は其論旨に付きましては同感でございます」と答弁した。広田（弘毅）首相も「非常に適切なる、且つ熱誠なる御意見を拝聴致した」と賛辞を惜しまなかった。翌日の新聞は各紙がこぞって斎藤の演説を大きく掲載した。斎藤は日記に記す。「全国民の声として賞揚至らざるなし。予が一生の大快事なり」。「粛軍」の目的は達成できた。

対ファシズム国接近

しかし英米でもなく、独伊でもなく、日本固有の「中道」政治の姿は明確にはならなかった。斎藤の「粛軍演説」の成功にもかかわらず、政党の復権の道は険しかった。

他方でファシズム国に対する理解の深まりをとおして、対ファシズム国家接近が強くなる。その先がけとなる事例として、河合栄治郎を取り上げる。すでに部分的に言及したように、河合は一九三二（昭和七）年四月から一年間、欧州で在外研究に従事する。大半をベルリンで過ごした河合が間近で目撃したのは、ヒトラーの台頭だった。滞在中の一九三二年七月の選挙でナチ党が二三〇議席を得て第一党になる。ヒトラーの政権奪取は、河合がドイツをあとにした四日後のことだった。

河合はヒトラーを狂信的な独裁者とは考えない。なぜヒトラーは短期間のうちにナチ党をドイツ最大の政党とすることができたのか。河合は「此の運動の成功の秘訣」をつぎの点に求める。「従来各政党に分属していた『国民主義』と『社会主義』とを打って一丸とし、独逸全政党を対角線的に切断し、各派より夫々党員を拉して糾合した所に在る」。「国民主義」と「社会主義」は「従来結合しうべからざるが如くに思われていた」。ところがナチ党は両者を「結合」し、「夫々が持つ牽引性を併用」することによって、最大勢力となった。これが河合の分析だった。

河合によれば、「『国民主義』は独逸国民伝来のイデオロギー」である。「ヒットラーの創意は『国民主義』を下からの民衆の叫び声たらしめて、国民全体の総意たらしめようとした所」にあった。欧州大戦後、敗戦国民の反ヴェルサイユ体制のナショナリズム感情は高まった。しかし主要政党は階級政党として対立していた。そこに「国民主義」を掲げるナチ党が台頭する。ナチ党は階級を横断する支持を獲得した。

ナチ党は「国民主義」とともに「社会主義」を唱える。もとよりこの「社会主義」が「生産資本の私有廃止を実現すると云う厳密な社会主義ではない」ことは河合もわかっていた。そうではあってもナチ党の綱領には以下の項目があると、河合は指摘する。「国家の国民に生業及び生活を可能ならしめる義務」、「不労所得の廃止、利子奴隷制の廃止」、「戦時利得の没収」、「トラストの国有化」、「大経営の利益分配」、「大規模の養老施設」、「中産階級の保護」、「土地改革」、「幼年労働の禁止、母子の保護」などである。

河合は強調する。「之等を真剣に実行しようと思うならば、必然に厳密なる社会主義にまで到達せざるをえまい」。しかしヒトラーにその気はない。「彼れの社会主義は社会改良主義の範疇に属すべきもの」だったからである。

「国民主義」と「社会主義」の結合はむずかしい。いずれどちらかに重点を置かざるを得なくなる。それは「社会主義」ではなく、「国民主義」だろう。そう予測しながらも、河合はナチ党の「社会主義」政策ゆえに、ヒトラーを独裁者と呼ぶことに留保をつける。ヒトラーの政権奪取に直面しても、河合は言う。「権力を以て国民多数の意志即ち議会を無視するものを以てファッシストと云うならば、ヒットラーは未だファッシストではない」。

ヒトラー政権は独裁政治ではない。「議会の大多数により一々協賛を求めずして政策を行う権限を与えられたことは、議会主義の精神に反することは確かであるが、大規模の委任と解すれば独裁政治と称するは必ずしも当らない」からである。

それではヒトラーのドイツはこれからどうなるか。河合は「国民主義」と「社会主義」とは矛盾・対立するとしながらも、「絶対に瞬時も相容れないものでもないから、その分離を早急にする必要もないし、相当の程度に於て『社会主義』をも実行するとは思われる」と指摘する。

河合のみるところ、「国民主義」と「社会主義」との危ういバランスを支えていたのは、「中産階級」だった。「人口中の四十二三パーセントを占める彼等〔「中産階級」〕は労資両階級の中間に介在して、決定的な役割を演ずるに違いなく、多くの場合にその決定は労働者階級に不利益の方向に働くだろう」。そうだとすれば、労働者階級のプロレタリア政党が「社会主義」革命を実現することはできない。ドイツはヒトラーの下で「国民主義」へと傾斜する。矛盾・対立を孕みながらも、ヒトラー政権は続く。河合はそう予測した。

帰国後の河合は、社会大衆党に対する期待を強めていく。河合はナチ党を換骨奪胎して、社会大衆党を「中産階級」の支持する政党に作り変えようとする。河合が「官吏、公吏、会社員、学校教師、評論家等のインテリゲンチャ」を党内に引き込もうとしたのは、このためである。その社会大衆党がめざすべきは、「社会主義」である前に、「社会改良主義」だった。

矢部貞治のヒトラー観

河合栄治郎と前後して欧米の在外研究に旅立った人物がいる。東京帝国大学法学部助教授矢部貞治（政治学）である。矢部は一九三五（昭和一〇）年四月から一九三七（昭和一二）年五月まで、文部省在外研究員として、欧米を訪れる。在外研究先の国にはドイツもあった。矢部は一九三六（昭和一一）年にドイツで研究を続ける。

ヒトラーのドイツに対する矢部の評価は両面価値的である。矢部の評価はヒトラーのドイツの二面性（「国家主義」と「社会主義」）と同時に、矢部自身の議論の二面性（「自由主義」と「社会主義」）に対応するものだった。以下では矢部の具体的なナチズム評価を確認する。

ドイツ研究を続けた、後の「昭和研究会」メンバー、矢部貞治

矢部のなかの「自由主義」はナチズムの強制的同質化への非難となる。ドイツ滞在中の見聞によって矢部は、ヒトラーのドイツを「警察国家、権威国家、統一癖」

と呼ぶ。矢部はベルリンで、自転車の荷台に腰かけて乗っている程度のことを警官が注意しているのを見て憤慨する。ミュンヘンではヒトラーへの不満をもらす失業中の青年に、ビールを飲むための一マルクを与えている。矢部は「ドイツで初めてこんな話しをする奴に会った嬉しさ」を日記に記す。

矢部は同様の印象をイタリア旅行中も抱いた。矢部は独裁体制下の言論の不自由を批判して、「自由主義」を擁護する。「人間が批評を抱くことを止めた時には、その文化的向上も止みます。今更乍ら文化的自由の尊むべきことを沁みじみと体得致す次第です」。矢部は『帝国大学新聞』への寄稿のなかで、そう言った。

他方で矢部はヒトラーのドイツの「社会主義」に注目する。矢部はヒトラーのさまざまな「社会主義」政策を知る。アウトバーンの建設は失業対策だった。ヒトラーは自動車産業の育成をとおして、国民全員が車を所有できるようにしている。労働者の生活の補助は有産者、中産者からの税金である。ユダヤ系の女性は、教師の職を追われながらも、「勤労奉仕隊だけは支持する」と矢部に語った。

ヒトラーの「社会主義」政策は、矢部のヒトラー観に影響を及ぼす。一九三七（昭和一二）年一月、ヒトラーの演説をノートにとりながら「熟読」した矢部は記す。「中々いい演説だ。主義としてナチに賛成すると否とを問わず、戦後のドイツにとってヒットラーは傑れた、真の意味の『独裁者』だ」。

矢部の言う「独裁者」とは否定的意味だけとは限らない。矢部は日本の二大政党制の限界を念頭におきながら、新しい政治の枠組みとして、「共同体的衆民政」論を展開する。「共同体的衆民政」においては、（ヒトラーのドイツのような）「委任独裁」だけでなく、「主権独裁」も可能である。矢部はそう主張した。

パリでの「デモクラシー」論争

矢部は二大政党制による民主主義に懐疑的になっていた。「僕は今ではデモクラシーというものに対して疑問を抱くようになった」。それはドイツでの在外研究に先立つフランス滞在中のことだった。相手は同僚の岡義武である。岡も欧州在外研究のために、パリに立ち寄っていた。ふたりは「デモクラシー」をめぐって議論する。パリのリュクサンブール公園での議論は二時間に及んだ。岡は当日（一九三六〈昭和一一〉年六月一四日）のことを妻宛の手紙に記す。「久し振りで、矢部君と政治学の議論をやる。二時間程、面白く愉快にやる。久し振りの議論で少し疲れる」。矢部の日記にも当日の記載がある。「岡君の議論は学生流のままの講壇論理でいやに赤いことを言う」。

ふたりの議論は対立し、かみ合わなかったと想像する。岡はフランスの民主主義の高揚に酔っていた。フランスではファシスト勢力に対抗する人民戦線派が大勝して、社会党首班のブルム政権が成立している。岡と矢部はデモとストライキを背景に議論した。「選挙の大勝のあとをうけ、ストライキが成功しつつある中に行われる此のデモは意気正に天を衝く概《おもむき》がある」。民主主義とは社会主義勢力が連立してファシズムに対抗することである。そう考える岡にとって、フランスは模範国だった。

対する矢部はドイツに傾斜する。矢部の「共同体的衆民政」論は、民主主義の再定義である。ドイツ滞在中の見聞は矢部に持論を確信させたにちがいない。日本もナチ党のような組織が必要だ。あるドイツ人研究者の指摘に対して、矢部は答える。「ナチの党かどうか知らぬが、この様な新党が起こらぬと国民は何時迄も政治の埒外にあることは事実だ」。矢部はナチ党が果たす役割を日本の無産政党、社会大衆党に託すようになる。

社会大衆党の躍進

社会大衆党は、河合や矢部（おそらくは岡）の期待に応えていく。国民の支持も強くなる。一九三六（昭和一一）年二月二〇日の総選挙において、社会大衆党などの無産政党は二二議席獲得する。前回が五議席だから、四倍増以上である。なぜ社会大衆党は躍進することができたのか。三つの理由があった。

「上からのファッショ」

第一は反「ファッショ」の姿勢である。社会大衆党は、反「ファッショ」と国民の政治に対する信頼回復のために、この年七月二九日に「議会制度改革に関する意見」をまとめる。その一節は言う。「衆議院制度改革の要求が今日叫ばれているのは政府又は官僚のファッショ的傾向に対して政党又は議会の権限拡張に依ってこれを防衛せんとするにあるが、このファッショ的傾向が近年強化したことはその根底に於て既成政党が国民生活から遊離して国民の信頼を失墜したる事実に基く」。

社会大衆党は日本とドイツの「ファッショ」を明確に区別する。ドイツの「ファッショ」が「下からのファッショ」であるのに対して、日本の「ファッショ」は「上からのファッショ」である。政府・国家官僚の「上からのファッショ」に社会大衆党が反対したのは、〈昭和デモクラシー〉の進展に賭ける知識人や国民の期待に沿う姿勢だった。

社会民主主義政策

第二は社会民主主義政策である。社会大衆党はこの年一一月に党大会を開催する。安部〈磯雄〉議長の「社大党の飛躍的発展は同慶に堪えざる旨」の発言から始まる党大会が採択したのは、つぎの宣言だった。

1　国内改革の断行
2　団結権、耕作権の確立
3　勤労議会政治の確立

4　社会施設の拡充
5　国民外交の確立
6　広田（弘毅）内閣打倒
7　大衆課税反対
8　ファッショ排撃

同時に「国民大衆の革新的要望に答うる」ために、以下の「院外闘争」の展開を決定した。（1）大衆増税絶対反対の宣伝、（2）労働組合法制定請願運動、（3）小作法制定請願運動、（4）国立民衆銀行法制定請願運動（『特高月報』一九三六〈昭和一一〉年一二月号）。

議会制度改革の資本家と労働者、地主と農民の社会的な格差の是正を主要な政治目標とするこれらの社会政策案は、〈昭和デモクラシー〉を担う政党にふさわしかった。

〈昭和デモクラシー〉

第三は反日独防共協定である。この年一一月二五日、日独両国は防共協定を締結した。社会大衆党は反対する。日独防共協定によって「ドイツと協同することはファシズムを以てコンムュズムに対抗せんとするものであって徒に思想的に列国を分派し国際対立の激化を招来し防共の実際的効果を挙げ得ざると共に我国を以ってファッシズム戦列に立つ処のブラウンインター（褐色インターナショナル）の一構成要素たる事を裏付けたもの」だったからである。

社会大衆党の「日独防共協定に対する声明書」はヒトラーのドイツと手を組むべきでない理由を述べる。以下、三点に要約する。

1　共産主義の脅威から「我国体」と「国家の安全」を守るためにドイツの協力を求めるとの政府の立場は、「我国体に対する正しき認識と信認を欠如せるもの」である。

2　世界は「国際経済協調」に入り、我が国は「之に指導的立場を取るべきである」。ところが「日独協定は此の立場を放棄したるのみならず反て之を阻害するの危険を有するものである」。

3　「極東平和の達成は防共の名に依ってドイツと協同し国際的国民戦線を結成することにあらずして寧ろ日蘇、日英、日米、日独、日支に対して汎世界的且つ同時併行的な極東に於ける集団平和機構を確立することにあらねばならない」（『特高月報』一九三六〈昭和一一〉年一一月号）。

社会大衆党の国際的な反「ファッショ」の姿勢は、ヒトラーのドイツとの防共協定に反対した。同時に社会大衆党は、一方では経済的な国際協調、他方では極東「集団平和機構」を中軸とする対外政策構想を打ち出した。ここに社会大衆党の「内にあっては社会民主主義、外に対しては国際協調」の基本理念は、〈昭和デモクラシー〉の基本理念となった。

日本にとって一九三〇年代は、対英米協調から対独伊接近へ、「デモクラシー」から「ファシズム」への歴史的な転換期だった。この一八〇度の転換は、「悪玉」の量的な拡大＝

「善玉」の没落の結果ではない。英米協調論者が独伊に接近する。「デモクラシー」の擁護が「ファシズム」の受容につながる。

この逆説的な転換を理解する鍵は、一九三〇年代の時代状況である。一九三〇年代の世界的な危機の時代において、英米対独伊のちがいはあいまいになっていた。一九三〇年代は、イデオロギーや体制のちがいを超えて、英米独伊などの欧米諸国やソ連にすら共通する国家主義（国家中心主義）の時代だった。英米の社会民主主義、独伊の国家社会主義、ソ連の社会主義、これら三つの政治体制は相互に接近する。

日本も同様だった。二大政党による政党内閣崩壊後の新しい政党政治の模索は、世界に共通する国家主義体制の確立をめざすようになった。日本の「ファシズム」国家化をもたらしたのは、一九三〇年代における〈昭和デモクラシー〉の発展だった。

Ⅳ章　外交地平の拡大

1　地球の反対側にまで展開する経済外交

誤った日本外交のイメージ

一九三〇年代の日本外交は、長らく強固な既存のイメージのなかで理解されてきた。たとえばつぎのようなイメージが一般的だろう。満州事変と国際連盟脱退によって、国際的な孤立に陥った日本外交は、東アジア地域に排他的な自給自足圏を確立し、英米の「持てる国」に対して「持たざる国」として対抗する。その結果がアジア太平洋戦争の破局だった。

ところが実際には、一九三〇年代の日本は通商自由の原則を掲げて、世界大で経済外交を展開している。保護主義に反対する日本は、経済的な自由主義の下で輸出を拡大し、世界市場の開拓を進める。一九三〇年代の日本は、東アジアの経済ブロックに閉じこもることなく、アフリカから中近東、中南米へと地球の反対側にまで経済外交を展開する。

同時代のジャーナリストの執筆による著作が世界の隅々に拡がる日本の経済外交を活写している。やや長文で、文中には明らかな差別表現が含まれているものの、歴史史料としての重要性の観点からそのまま引用する。

アフリカに於て、日本ともかなり古く通商関係を結んだエヂプト、南阿聯邦を除くと欧洲列強の勝手気儘な分割に委ねた大小無数の植民地や委任統治領の集りである。そこは文明の恵沢に浴しない未開の土人が猛獣と共に群棲する社会である。しかし資本主義製品はあらゆる冒険を犯しても、この未開の土人社会にその販路市場を拡めて行くのである。日本の貿易発展がこうした所謂新市場の開拓に負うところ大きいことは周知のところ、購買力の低い土人部落は品質よりも値段の安い日本品が進出して行くには好個の市場であった。

大阪商船、国際、山下等の定期船に乗せられた綿製品、人絹、雑貨がアフリカ奥地の土人部落を目指して最も多く上陸の第一歩を印したのは日本から行きつけの東岸方面であったことは不思議でない（『国際通商戦─朝日時局読本第八巻』）。

「我国として活くるの途」

なぜ一九三〇年代の日本は通商自由の原則に基づく経済外交を重視したのか。世界恐慌から脱却するためだった。金本位制からの離脱によって円安を誘導し、輸出を拡大する。高橋（是清）蔵相の積極財政の対外経済政策は、経済外交の拡大を促した。

政府は外務省内に通商審議委員会を設置する（一九三三〈昭和八〉年七月）。対外経済政策を統合する同委員会の目的は以下の点にあった。「帝国の経済的国情は今後益々海外進出を緊要ならしむるものあり。殊に貿易通商に至ては一方既得の地盤を堅守伸張すると共に他方更に進んで新地盤の獲得開拓に努むるの必要に直面しつつあるを以て……帝国と諸外国との経済的交渉が爾今益々繁忙複雑を加うべきは固より必然の数なり」。

満州事変と国際連盟脱退後だからこそ、日本は経済外交をとおして対外関係の修復をめざす。「我国として活くるの途は大いに海外進出をなす以外にない」（内田〈康哉〉外相）。これが国際連盟脱退後の日本外交の進路だった。

以下では一九三〇年代における日本の経済外交の展開を追跡する。

アフリカ、中南米、非欧米世界の国へ

今日の視点からすると、意外なのは経済外交の対象に非欧米世界の国が多く含まれていたことである。なかでもアフリカ、たとえばエジプトに対して、日本がどのような経済外交を展開していたのだろうか。想像がつきにくい。以下では最初に日本とエジプトの通商経済関係を確認する。

両国の通商外交関係が重要になったのは、一九三〇年代に入ってからである。一九二九（昭和四）年の通商貿易量は五七〇〇万円にすぎなかった。ところが一九三四（昭和九）年には一億円台を突破して倍増する。この急速な拡大の背景に高橋財政があったことはいうまでもない。エジプトから棉花と燐鉱石などの原料を輸入し、繊維工業品を輸出する。とくに「綿製品は疾風的躍

進を遂げ、英国及イタリーの地盤を瞬く間に横奪して行った」。

エジプトに対する集中豪雨的な輸出の拡大は、関税引き上げを招くにまで至る。現地の日本大使館の観察は冷静だった。「首相は近来勢力を失墜し最近人気恢復の為各方面に思い切ったる利益を与えつつあり本件亦其現れなり、幸い今迄の程度なれば一時障害あるも市場の実際に見て向後共邦品実需には大体変化なき見込」。対外政策の内政要因はどこの国にもあることだ。相手国の国内事情を理解したうえで、それでも日本の在外公館は、エジプト当局に反省を求める。「当国は少数の資本家等に依り動かせられ易き国」であり、「此儘看過するは我方将来の為不得策」だったからである。

抗議は功を奏した。蔵相、外相、商工長官などと会談したところ、「何れも深く反省の模様にて今後は日埃貿易の相互増進に努め再び斯る事件を繰返さざるべき意向を表示」したからである。カイロの商工業会議所の「空気も其の後非常に好転し頗る好意的」となった。日本とエジプトの通商貿易関係は拡大していく。

新市場の開拓の際には、思いがけないことが起こりがちである。エチオピアの場合もそうだった。一九三三（昭和八）年の秋、長崎の「エチオピア経済調査会日恵社」の代表がエチオピア政府から利権を獲得した。そう報道する新聞によれば、同代表は、移民割り当てや棉花、コーヒー、薬草の栽培の独占権を確保したという。薬草のなかには阿片も含まれているとうわさされた。

エチオピアをめぐって、日本はイタリアと微妙な関係にある。この件を放っておくわけにはいかなかった。現地の日本の在外公館は、エチオピアの国務長官に直接たしかめる。うわさは阿片の件は別として、ある程度、本当だった。計画案を正式に提出すれば、審査のうえ、許可を考慮するつもりである。国務長官はそう答えた。

調べてみたところ、日恵社の代表は、エチオピア皇帝とパイプを持っていた。皇帝側は、エチオピア奥地を旅行中、旅費に窮した同代表に対して援助を与えた。調査を進めると、好ましからざる人物であることが判明する。資金難に陥った同代表は、アジスアベバで「売娼窟」を経営しようとするなどの「信用を害する行為多く評判宜しからざるもの」があった。帰国の旅費すらなかった。正式な外交ルートの確立が不十分な国との間では起こりがちなことだった。

一事が万事である。同じようなことが他国で起こらないとは限らない。経済外交は民間との協力が必要だった。外務省は在外邦人の指導・啓発に乗り出す。たとえばメキシコの総領事館宛ての訓令において、内田外相は「在外本邦人の発展状勢如何は……直接其の在住国と帝国間の国交及通商に甚大の影響を与え帝国国運の将来に関係する所鮮少ならざるに鑑み」て、その旨を指示している。

外務省本省は、在外邦人と現地在外公館との関係について、慎重な取り扱いを求めた。在外邦人の「倚頼心を助長すること」なく、他方で「利害に疎隔冷淡」になってもいけない。在外邦人の「利益を擁護伸展し以て彼我国交及通商の増進に資する」ことが重要だった。

具体的にはどうするか。予算や人員の拡充を待つことなく、できることからする。「例えば言語及土地事情等不案内勝なる我在留民に対する我在外職員の聊かの助言も多大の利便を与うる」。本省は奮起を促した。「我現下内外の状勢は一層各員の奮励努力と官民の協力一致に期待するものである」。経済外交は、官民の一致協力の下で推進しなくてはならなかった。一九三〇年代の日本は、通商貿易の自由に基づく経済外交に国運を賭けていた。

「最も遠隔の地」ブラジル

在外邦人の指導・啓発がメキシコ以上に必要だったのは、ブラジルである。ブラジルは遠い。当時は海路で行くしかなかった。最短の北米回りでも一か月、喜望峰またはパナマ経由では二か月を要した。一九三四(昭和九)年に赴任した澤田(節蔵)大使は、自身が認めているように、「ブラジルに関する知識は全然持合せず、日伯関係諸問題についても全く素人だった」。要するに「朝野の認識も頗る浅薄なブラジルはわが大使館所在地としては最も遠隔の地であり、そこに在勤することは配所に追放されて前途を塞がれるように思え」た。

そうは言っても日本とブラジルとの間には「モノ」と「ヒト」の交流があった。なかでも「ヒト」=移民の数が多かった。そのブラジルが一九三四年に排日移民条項を含む新憲法を実施する。日本とブラジルの関係は憂慮すべき状況に陥った。

澤田の任務は重大だった。移民問題をどう解決すべきか。澤田は日本人移民にも問題があると考えた。「ブラジルに入植した日本人はほとんど例外なくいつの日か故郷に錦を飾ることを夢みており、生活状況は原始的でブラジル語を習得しようともせず、到底ブラジル社会にとけこんで行くという状態ではなかった」からである。

澤田は二方向から両国の相互理解の推進を図る。一方ではブラジル側に日本と日本人移民に対する誤解を解くべく、啓蒙活動をおこなう。他方では在留邦人に対して「出稼ぎ根性を捨ててブラジル人に融和するように指導」する。

前任の林（久治郎）大使も離任に際して、本省宛ての所見のなかで注意を促している。「我移民を送るに当り従来の如く徒に数の多きを競うが如きことなく厳選主義を執り之を指導するに伯国同化主義を以てし……各州散在主義を執り同時に貿易増進に努む」。

澤田は相互理解の基盤整備を推進する。一九三六（昭和一一）年に日本ブラジル間に国際電話を開通させる。「日本とブラジル間の地理的距りは大きく、これが両国疎遠の大原因である。これを短縮することは絶対不可能だから、そのかわり通信、運送の面で常に最新の手段を以て両国を結ぶ」。澤田はそう考えた。開通した時は感慨無量だった。朝八時頃「お早う」と電話すると、有田（八郎）外相は「いやこちらは晩だよ」と応じた。「地球の表裏で話しができるようになり、全く驚嘆のほかなかった」。

他方で澤田は具体的な手を打つ。たとえば相互理解のための文化交流である。各界の著名人がブラジルで講演会を開催する。講演者は考古学者の鳥居龍蔵や作家の島崎藤村、画家の有島生馬らである。オペラ歌手の藤原義江はリオデジャネイロのオペラハウスで公演をおこなっている。

知的交流のため派遣された法学者、田中耕太郎（1950年時）

異色の役どころを務めたのは、日本のカトリックの有力者で宮内省御用掛だった海軍少将山本信次郎である。山本の来訪は「カトリック国ブラジルの人々には極めてよい印象を与えた」という。

ブラジル来訪者のなかに東京帝大の著名な法学者、田中耕太郎がいた。田中は熱心なカトリック信者だった。適任と考えた澤田は田中を説得する。澤田によれば「博学の氏もブラジルについてあまり知らず、さほど興味を感じない様子だった」。それでも澤田は何度か会って、「だまされたと思って行ってくれ」と頼んだ。澤田の在任中には実現しなかったものの、のちに田中はブラジルを始め、アルゼンチンやチリ等の南米諸国を歴訪する。田中は澤田に土産話を聞かせた。「だまされたと思って行ってごらんなさいといわれたが、行ってみるとブラジルはもちろん隣接国の何れもすばらしいところだ。日本ではラテンアメリカ諸国の法曹界のことは全く知られていないが、敬服すべき法律家も相当おり、学問上でも啓発されるところがあった」。日本とブラジルなどの南米諸国との知的交流が少しずつ前進した。

澤田がもう一つ熱心に取り組んだことは、日本からの経済使節団の受け入れだった。風向きはよくなっていた。ブラジル政府の移民制限を見越して、両国関係の悪化を緩和するために、本国政府がブラジル棉花の輸入促進を奨励するようになっていたからである。経済使節団の交換とあいまって、日伯経済関係は拡大する。一九三三（昭和八）年には総額約五三〇万円（輸入二〇〇万円、輸出三三〇万円）の貿易額が三年後には約八〇〇〇万円に急伸する。

日伯経済関係は片貿易だった。輸出品はわずかな雑貨等に対して、大量の棉花を輸入していた。ブラジル側は儲かる。そのなかには邦人棉作業者を含む。輸入棉花は加工してアジア地域に輸出する。このように両国の経済的な相互依存関係がもたらすメリットによって、排日移民問題をめぐる対立は沈静化に向かった。

移民制限の撤回や改正は実現しなかった。しかし「ブラジル側としてはその適用に大いに手心を加え、事態はよほど緩和されてきていた。新聞をはじめとする民間の排日気分はきわめて和らぐに至っていた」。任務を果たした澤田は一九三八（昭和一三）年に帰朝する。

以上要するに、一九三〇年代の日本外交は、ブラジルを中心とする南米諸国に対する認識を深めていった。

対米関係修復の方策として

一九三〇年代の日本の経済外交にとって、最大の相手国はアメリカだった。国際連盟脱退通告後、日本は経済外交をとおして、対米関係の修復を図る。一九三三（昭和八）年六月開催のロンドン世界経済会議でアメリカと共同歩調をとったのもこの目的からである。

経済協調による外交関係修復の基調は、その後もつづく。斎藤（博）駐米大使は、赴任に際して広田（弘毅）外相から託されたメッセージをハル国務長官に手渡す（一九三四〈昭和九〉年三月）。この年、一九三四年は日米国交開始八〇周年の記念すべき年だった。

広田のメッセージは、八〇年間、日米が「常に友好親善の関係を持続し来りたるは顕著なる事実」と指摘しながら、両国の経済的な相互依存関係の重要性を強調する。「双方商品間に競争の地位にあるもの極て尠く両国は有無相通ずるの基礎に立脚し互に他方商品の一大顧客として相互依存関係を促進しつつあることは寔《まこと》に御同慶に堪えざる所なり」。

これに答えてハルは言う。「予は合衆国及日本が其の真の相互的貿易を両国に利益を齎らす様而して又競争の行わるる場合には常に相互的好意を以て進展せしむることを持続すべきを期待する充分の理由あるを認むるものなり」。アメリカ側も自由貿易の原則に基づく両国の経済的な相互依存関係の進展を認めた。

ただしハルは満州の新事態を容認するような言質を与えていない。経済的な相互依存関係の進展は外交関係の修復につながるとは限らなかった。

斎藤大使は関係修復を求めて、ワシントンで外交活動を展開する。六月にはピットマン上院外交委員長と会見している。斎藤は関係修復の条件を問う。ピットマンは答える。「自分の考にては本問題に付若し日本が満洲及支那に対し門戸開放主義及長城以南の支那本部に進出せざることを確言せらるれば米国は満足し其の他の問題に付最早彼是言わざるべしと思う」。

この条件ならば日本側も異存はない。斎藤は、長城以南進出について「日本として現に斯る意向なきは勿論将来と雖右の如きこと起らざるべしとは信ずる」と述べつつも、統帥権にふれる問題にこれ以上、深入りすることを避けた。門戸開放主義の件も認める。ただし「或種の日本品は価格及地理的の関係にて自然外国品に比し有利の地に立つが如き結果となることあるべき」と付け加えた。ピットマンも了解した。「要するに外国品に対し『アーティフィシャル』の制限を設けらるることとなければ可なり」。

万里の長城以南不進出を前提として、満州国と中国の門戸開放原則を守り、経済的な相互依存関係を促進する。一九三〇年代の日本の対米外交は、この基本的な枠組みからの逸脱を避けながら展開していく。

バンビー・ミッション

経済外交をとおして外交関係の修復を図る。この基本方針の下で展開する日本外交がアメリカと同等程度に重視したのはイギリスだった。

関係修復の機会はイギリス側からもたらされる。一九三四（昭和九）年秋のバンビー卿を団長とするイギリス産業連盟視察団の極東訪問である。

松平（恒雄）駐英大使はバンビー・ミッションの目的を本省に伝える。「本計画は名目は実業『ミッション』なるも真の目的は之を通じ日英及英満間の友好関係を増進するにある」。松平は期待する。「本件『ミッション』の目的にも鑑み且英満両国関係に及ぼす重要なる影響に鑑み本邦及満洲国側に於ても出来得る限り胸襟を開きて款待し充分其の使命を果さしむる様官民各方面と御連絡の上然るべく御取計ありたし」。松平はバンビー・ミッションの背景に英国王室と大蔵省の対日関係改善に対する政治的意思を見出していた。

バンビー卿は、使節団の団長として七月二八日、あいさつのために日本大使館を訪れる。バンビー卿の言い方は率直だった。「自分は全く日本に付ては知識を有せざるも夫れ丈け何等偏見を有せざるを以て同僚と共に日本及満洲に関し研究を為すに却て便宜かと思わる」。

対する松平は、満州の新事態に関して中国を非難する一方で、満州国を擁護した。バンビー卿は笑った。「自分は支那に付ても何等知識を有せざるも支那の渾沌たる状態は之を承知し居れり。実は満洲に於て日本の為されたることは過去に於て英国が到る所に於て為したることを繰返したるに過ぎず」。

松平はバンビー卿の人物像に好感を抱いた。「『バーンビー』卿は日本及支那に関しては何等知識を有せざるも他方極東問題に関し何等偏見を有せず。新進気鋭の人士にして英国人に有り勝ちなる自画自賛的老人的気分に全然反対なる傾向を有し……」。

バンビー・ミッションは九月二七日に来日し、一〇月末から満州国の現地視察をおこなう。日満両国は政府や経済界など官民挙げて、朝野一体となって歓迎した。有力者との面談、工場視察、日英協議会設立に関する共同声明書の発表などがあいついだ。

歓迎の背景には外務省と陸軍との間の合意があった。両者が合意したのは「今回来朝の視察団をして失望すること無く帰国せしむるの要あること」だった。

バンビー・ミッションは帰国後、報告書を作成する。松平によれば、報告書の前言はつぎのように述べている。「日本には英国に対する純真な友好的精神が存し此の友好関係の助長は日英両国にとり望ましく、又英国の利益に重大関係ある極東の経済的繁栄は日英の了解に依らなければならない」。

バンビー・ミッションをきっかけとして、日英関係は経済外交による修復に向かった。

独伊、自給自足圏の壁

一九三〇年代の日本の経済外交は、英米はもとより、新市場のアフリカや中南米と比較しても、独伊との関係が希薄だった。独伊が日本の通商貿易の自由主義に反する自給自足圏を追求していたからである。

杉村（陽太郎）駐伊大使は、「天気の悪しき日には機嫌悪し」との様子のムッソリーニに対して、臆することなく苦情を申し入れた（一九三四〈昭和九〉年一二月一三日の会見）。「日伊の貿易額は日本の総輸出入額の三百分の一其対欧貿易額の三十分の一に過ぎざれば日伊両国にとり然迄重要視すべきにあらざれど、伊国側が現下の大勢に押されて頻繁に輸入の制限又は禁止を行わるるは第一伊国の国情より見るも不可解なる遣口と称すべく日本も伊太利も其国民経済を培わんが為には互に良き売手及良き買手となるを念とせざるべからず」。

エチオピア問題をめぐっても同様だった。杉村は畳みかける。「政治上は手出しせざるも通商上へ《は》自由に進出する考なり」。これにはムッソリーニもたじたじだった。「安くて良きものの売るるは当然なり。其点に対しては彼是苦情を言わざるべし」。

杉村の追及は止まない。イタリアは中国の歓心を買おうとして、欧米諸国に先がけて経済進出を目論んでいる。たとえば飛行機の売込みだ。杉村は抗議する。「日支の関係を悪化せしむるか、何れにしても我方としては迷惑千万なり」。

さすがにムッソリーニは反論した。「誇張して言い給うな、一体支那が何台伊太利の飛行機を買うと思わるるか。実は大したことなきなり」。

ムッソリーニはこれ以上、反論しなかった。「支那に対する伊国政府の遣口に付不審と想わるる点あらば遠慮無く申出でらるべし。何時にても悦んで面会し腹蔵なく意見を交換せん」。日伊関係の悪化は食い止められた。

イタリアにも増して日本との経済関係が悪かったのはドイツである。この年（一九三四〈昭和九〉年〉秋、ドイツ側は輸入を許可する日本品のリストを提示した。

それはきわめてきびしい制限措置に基づく品目リストだった。現地の在外公館の危機感が強まる。「此儘に事態を放任し独逸の為すに委するに於ては独逸は我無為に乗じ今后如何なる措置に出でんとも限らず、現に人絹、電球等の対独輸出は殆んど絶無となり又為替割当許可限度は極度に縮限せられ右はマルクの行先不安と共に我対独輸出に対する一大障礙なる処、我国は独逸品の輸入に対し何等の制限措置に出て居らず」。

対抗措置が必要だった。どうすべきか。「通商擁護法に依る関税引上其他必要の措置若くは日独取引の強制的清算等を以て先方を威嚇すること必要なり」。

このような強攻策を講じなくてはならないほど、日独の貿易不均衡は一九三〇年代をとおして日本の入超がはなはだしかった。それにもかかわらず、貿易不均衡を改めることなく、排他的な経済ブロックを作ろうとするドイツに対する反発は強くなる。日本は「持たざる国」の論理に与しなかった。『東京朝日新聞』経済部編『国際通商戦—朝日時局読本第八巻』はドイツを批判する。「ヒトラーはドイツが極端なる自給自足政策を採ることは止むを得ないとしても、各国がこれに見倣うことのないよう虫のいい忠告をしているのであるが、国際経済は一つの有機体であって、一国のかかる政策の強行は、国際経済に大きな波動を与えて、他国の報復的反動を喚《よ》び、国際的対立を一層激化せしめる要因となる」。

この著作の刊行は日独防共協定締結後のことである。日独関係は防共のイデオロギーで結びつくよりも、経済の実益をめぐる対立の方が顕著だった。通商貿易の自由主義の日本と自給自足圏のドイツとの外交関係の溝は深かった。

以上のように、一九三〇年代の日本の経済外交は地球の反対側にまで展開した。日本は排他的な経済ブロックを作ったのではない。その反対だった。一九三〇年代をとおして、日本の外交空間は、欧州やアメリカだけでなく、アフリカ大陸、中南米へと拡大した。

2 経済摩擦と国際認識

世界経済のブロック化

一九三〇年代の日本の経済外交は、地球の反対側にまで展開する一方で、大きな困難に直面する。大恐慌下の世界経済のブロック化が日本の経済的な自由主義の前に立ちはだかったからである。

世界経済のブロック化が深刻化していた一九三七(昭和一二)年に『国際通商戦—朝日時局読本第八巻』が日本の立場を巧みな比喩で表現している。

「神風号は僅に九十四時間余で東京—ロンドン間を翔破するほど世界の距離は短縮されたにも拘らず、世界に於ける通商の障礙は徳川時代に於ける各藩の関所よりももっと多く且つ厳重となった」。

ここに言う「神風号」とは、この年イギリスのジョージ六世戴冠式奉祝のために、ロンドンへ向かった、朝日新聞社の飛行機のことである。科学技術の発達によって、地球は小さくなった。しかし各国が築く関税障壁は、前近代の世界を思わせるものとなっていた。

相互主義の限界

世界経済のブロック化の主導国はイギリスである。一九三二（昭和七）年にイギリスは帝国特恵関税制度によって、英連邦諸国の間でスターリング・ブロックを形成した。イギリスのブロック経済化の影響は深刻だった。日本の対英貿易依存度が高かったからである。たとえばジョージ六世戴冠式のロンドンの街を美しく飾った装飾用豆電球の多くは日本製だった。あるいは大英帝国の国旗ユニオン・ジャックは、横浜や大阪の業者が国産の綿布や絹布で作ったものが少なくなかった。イギリス本国だけではない。カナダやオーストラリア、ニュージーランド、インド、南アフリカなどの英連邦諸国も日本の通商貿易の相手国だった。

英連邦諸国の経済ブロックの壁は厚く高い。バンビー・ミッションだけではどうなるものでもなかった。戦略的な通商貿易政策の確立が必要だった。

最初に打った手は相互主義である。「相手国が買って呉れるだけこちらも買う」。この原則の下、日本は英連邦諸国からの輸入の拡大を図る。たとえば南アフリカの場合である。南アフリカの日本の在外公館は危機感を抱いていた。「本邦品異常の進出に起因する英国並に英殖民地其他日貨圧迫の事態は我輸出貿易の前途に暗影を投ずる」ものがあったからである。本省は答えた。「本邦側が輸出超過の状態に在る日阿貿易を本邦側の南阿品買付に依り改善することを得ば前記傾向を緩和するに効果あるべし」。出超を補償するために、具体的にはどうすべきか。本省は南アフリカ産の羊毛の買付増進策の検討に入った。

ところが事は簡単ではなかった。価格が折り合わなかった。相場と指値との間の開きがありすぎた。これでは「相互主義に基く片貿易調整朝野努力も結局は何等実質を伴わざる掛声に終始」するおそれがあった。

相互主義の限界は南アフリカの場合だけではなかった。新たな輸出市場として開拓したアフリカや中南米の場合もそうだった。日本からの輸出の拡大によって、相手国の貿易収支の均衡はすぐに崩れた。そうだからといって、これらの国ぐにからの輸入品が「煙草、珈琲、ココアというような極く限られた商品である場合には購わんとしても購い得ない」。そのような貿易構造の不均衡があった。

カナダへ通商擁護法の発動

相互主義が十分な成果を上げない間にも、対日経済圧力は強まる。日本の経済外交は強攻策に出る。それはカナダに対してだった。英帝国特恵関税制度の下、カナダは一九三二（昭和七）年に為替ダンピング税の新設と産業保護税を日本からの輸出品に適用する。日本の輸出は大打撃を蒙る。一九三〇（昭和五）—三一（昭和六）年に急増した輸出は、一九三二（昭和七）年を境に、翌年には約三分の一に激減した。他方で日本とカナダの経済関係は日本の入超だった。たとえば一九三一（昭和六）年の数字によれば、カナダからの輸入額は、日本からの輸出額の約二・五倍になっていた。

日本はカナダからの輸入品、農産物（小麦など）や工業用原料（木材、パルプなど）に依存していた。ところがカナダの国産品と競合する絹織物や陶磁器などの輸出が止まる。日本が入超の片貿易にもかかわらず、保護主義をとるカナダに対して、黙っているわけにはいかなかった。日本側は伝家の宝刀を抜く準備に入る。カナダからの輸入品に対して報復関税を課すための通商擁護法の発動である。

現地の在外公館は通商擁護法の発動に慎重だった。貿易戦争に発展することをおそれたからだけではない。カナダの国内事情に対する理解が深まったからだった。どういうことか。現地からの報告（一九三五〈昭和一〇〉年七月七日）を要約する。

カナダの国内政治は保護主義を掲げる政権政党の保守党と野党の自由党が対立している。今年は選挙が予定されている。「大勢自由党に有利なること万人の認むる所」である。またカナダには西部のブリティッシュ・コロンビア州のような親日的な地域もある。同州は多数の日本人を受け入れている。このような国内状況のなかで、仮に通商擁護法を発動したらどうなるか。「高関税障壁に依り不当に利得しつつある東部製造業者は日本の報復に何等痛痒を感ぜず却て日本市場を重要視する西部の所謂親日家達のみを苦むるが如き不思議なる結果」となるだろう。

それでも本国政府は発動に向けて進む。なぜそうするのか。「最早官民一致の輿論となり居るに加え今次の我措置振を注視し居れる第三国に対する関係上」からだった。また自由党が新政権の座についても、しばらくは不安定な状態が続く。それを許容するだけの余裕はなかった。

もとより発動は慎重におこなう。「今次の事態発生以来先方政府の態度緩和方に関し努力を惜まざりしB、C〔ブリティッシュ・コロンビア〕州官民に対しては適宜我方の誠意と謝意とを表明」する。これによって「同地方に於ける対本邦感情の悪化を能う限り防止し出来得る丈本問題が政治的色彩を帯びざる様致し度所存」と現地に伝えた。そのうえで七月二〇日、通商擁護法を発動する。

カナダ政府は非難した。「為替低落し、且賃銀低廉なる日本品に依り加奈陀の産業及労働者の生活は脅威を蒙る」。日本政府は反論する。「想うに加奈陀労働者と隣接国米国労働者との生活標準に相違ありとは認められざる処」、アメリカは為替ダンピング税を課してない。日米両国の「通商関係は支障なく発展」している。

日本政府の立場はカナダの国内情勢の急転によって、有利になる。一〇月の総選挙で保守党が惨敗した。代わりに自由党が政権に就いたからである。対日関係は総選挙の争点ではなかった。それでも自由党の勝利は日本にとって大きな意味があった。新政権との交渉は友好的なムードのなかで決着する。日本の経済外交は、英帝国特恵関税ブロックの一角を崩すことに成功した。

オーストラリアでの「日本脅威」論

カナダと比較すれば、日本にとってより重要な、スターリング・ブロックの貿易相手国はオーストラリアだった。対オーストラリア貿易は日本の入超が続いていた。輸出一に対して輸入四である。この極端に日本に不利な片貿易は調整が必要だった。

日豪貿易は構造調整がむずかしかった。日本は羊毛の輸入をほとんどオーストラリア一国に依存していた。他方で主な輸出品は綿布と人絹布だった。やっかいだったのは、これらの輸出品が「イギリスにとっても対濠輸出の死命を制する主要品」だったことである。豪州市場をめぐって、日英の競争が激しくなっていた。一九三二（昭和七）年のオタワ英豪協定の成立までは、「低為替と低賃銀」の日本品が押し気味だった。しかしこの年を境にイギリスが優勢となる。英帝国特恵関税制度の下で、劣勢を強いられる日本の経済外交は、対豪貿易の調整をめざす。

対するオーストラリアは二面性を持っていた。一方ではオーストラリアはスターリング・ブロックの主要な構成国だった。オーストラリアにとってイギリスは輸入・輸出ともに第一位の貿易相手国だったからである。他方でオーストラリアは太平洋国家を志向しつつあった。太平洋国家としてのオーストラリアのもっとも有力な貿易相手国は日本である。オーストラリアの貿易において、日本は第二位の輸出先であり、第四位の輸入先だった。

ここにおいて経済的な相互依存関係を認識する日豪両国は、通商条約の締結に向けて交渉を始める。そのきっかけとなったのが一九三四（昭和九）年五月のオーストラリア親善使節の来日である。五月一二日の広田外相とレーサム外相との会談は、両国関係の何が問題だったかを具体的に示している。

会談でふたりは日英同盟をなつかしみ、その廃棄を惜しんだ。それには理由があった。オーストラリアで「日本脅威」論が台頭していたからである。広田は率直な表現をもって「日本脅威」論を否定した。「日本は満洲国の発達援助に大童の際にて濠洲等を窺う余力無し……蘭領東印度は殆ど丸腰なるも日本と善隣親善関係を維持し巨額の本邦品を消化し居れり」。

レーサムは言質を与えなかった。満州国については「現在よりも適切なる解決（solution）必要なるべし」。それよりも日本の国際連盟復帰を求めた。もちろん現実的な利害関心からである。日本は豪州に近接する太平洋に委任統治領を持っていた。オーストラリアの対日脅威論は、委任統治領の武装化を懸念していた。日本の国際連盟復帰によって、委任統治領の国際監視を強める。これがレーサムの発言の真意だった。

オーストラリアは、対日警戒心を抱きながらも、それでも通商交渉を軌道に乗せようとする。太平洋国家志向があったからである。

英連邦国家と太平洋国家の間にあるオーストラリアとの通商交渉は難航した。非はオーストラリア側にあるとする日本は、容易に譲歩しなかった。一九三六（昭和一一）年六月二五日、カナダの場合と同様に、通商擁護法の報復措置を発動する。オーストラリア側も対抗措置に出る。両国の対立は貿易戦争の様相を呈するようになった。

行き着くところまで行くと、両国はあらためて経済的な相互依存関係の現実を直視して、交渉を再開する。報復の連鎖はどちらの国の通商貿易にもダメージを与えることがわかったからである。交渉は妥結した。一九三七（昭和一二）年一月一日をもって、両国は報復措置を停止することになった。これによって「日濠貿易の不均衡が或程度調整され、又羊毛の分散買付方針が確立された」。羊毛の輸入をオーストラリア一国に依存することなく、アルゼンチンや南アフリカ、ニュージーランド等に分散すれば、これらの国ぐにとの貿易不均衡が是正される期待もあった。

一九三〇年代の日豪関係は、安全保障問題が伏在しながらも、通商交渉をとおして、部分的に修復された。

同じ大洋州の国であっても、ニュージーランドとの間では問題が顕在化することはなかった。現地からの報告によれば、「安価なる日本商品に対する反感は稀薄」だった。これは要するに両国関係が希薄だったからである。「ヒト」も「モノ」も交流が乏しければ、摩擦も起きようがなかった。

こうして大洋州諸国との通商貿易関係は平常に復帰していった。

「印度は英国の生命線」

スターリング・ブロックとの経済摩擦がもっとも先鋭化したのは、インドをめぐるイギリスとの関係だった。インドの輸出市場をめぐって、日英の綿業間の競争は対立へとエスカレートする。「印度は英国の生命線」である。インド政府はイギリスの了承の下、一九三三（昭和八）年四月、日印通商条約の廃棄を宣言する。経済摩擦の緊張が高まった。

問題を解決するために、同年の夏、インドのシムラで通商交渉をおこなうことになった。日本政府は七〇人を超える大規模な代表団を送る。

毒蛇に見舞われながらの現地での交渉は、困難を極めた。大英帝国との交渉は位負けだった。結論からさきに述べると、交渉はイギリスに有利な内容で妥結した。広田外相は議会で必ずしも満足していないものの、日印英の三国協調の観点からやむなく妥結に応じた旨、答弁している。それでも交渉がまとまったのは、ある理由があったからである。この点に関して、日本政府代表のひとり澤田節蔵の回想録の挿話を引用する。

澤田がシムラに到着すると、知日派のイギリス人外交官ジョージ・サンソム（商務参事官）が面会を求めてきた。サンソムは内密の話として、イギリス側の懸念を伝える。「日本が今回の会商を重要視していることはよくわかるが、総勢七十人以上の日本人がシムラに集まるとは如何にも大袈裟だ。ことによると日本は今回の会商を利用してインド国民会議派と内密連絡して政治運動を展開する魂胆ではあるまいか」。澤田はサンソムの内報に謝意を表するとともに、「全く杞憂に過ぎない」と答えた。

澤田はシムラ到着の翌日、インド総督ロード・ウィリンドンを訪問した。ウィリンドンはやぶから棒に質問する。「あなたはガンジーをどう思っている」。当惑しながらも、澤田は答えた。「ガンジーは誠に稀有の人物で日本でも広く紹介されているが、その率いる国民会議派の運動にはいささか行過ぎのところもあるように思われる」。このやりとりもあってのことか、ウィリンドンは「私に対して極めて協調的であった」。

この挿話は同時代の時評の分析と符合する。イギリスは「印度の土着産業の勃興並びにその政治的社会的表現である反英国民運動の擡頭に悩まされ」ていた。サンソムやウィリンドンの懸念は、この分析を裏づけるものとなっている。日英間にぎりぎりの妥協をもたらした背景には、インドのナショナリズムに対する黙約があった。そう解釈することができる。

通商貿易上の個別の利害対立があっても、高次の政治判断によって妥協に至る。この解決のパターンは、インドをめぐる日英関係だけではなかった。オランダ領東インドをめぐる日蘭関係も同様だった。

政治の意思で妥協した日蘭会商

オランダ領東インドは日本にとって第四位の輸出先だった。ところが一九三三（昭和八）年九月五日、「伝統の自由貿易主義を放擲して極端なる保護政策に走り、果然かの非常時輸入制限令を実施した」。

経済摩擦を調整するために、翌一九三四（昭和九）年六月八日から日蘭会商が始まる。交渉は難航した。両国の関連業者の利権が渦巻くなかで、個別の品目をめぐる自由化と規制の妥協点を見出す作業は複雑だったからである。

交渉の過程では決裂の局面があったものの、一九三七（昭和一二）年四月九日の日蘭通商仮協定の成立に至る。その背景にあったのは政治の意思だった。

日本は国際連盟脱退後の対外関係修復の一つとして、仲裁裁判条約のネットワーク化を図っていた。その最初の成果が一九三三（昭和八）年四月一九日の日蘭仲裁裁判条約の調印である。これをきっかけとして、日本はアメリカやタイとも仲裁裁判条約の締結をめざす。日蘭の外交関係は経済関係に優先する重要性があった。

ヴァタビアで交渉中の日本代表団も同じ考えだった。本省は現地に「聯盟脱退後仲裁裁判条約の締結に依り開始せられたる政治的国別協調主義を経済上にも徹底せしめ」る旨、指示した。これに対して現地側も「右は非常なる決心を要すべきも事態に引摺られ不利なる条件の押付を待つよりも共存の建前より見て遥かに有利なるべし」と同意している。このような日本側の「非常なる決心」によって、日蘭会商は妥結した。

包括的通商政策七つの原則

以上のように、自由主義を掲げる日本の経済外交は、二国間通商交渉によって、経済摩擦の調整を図った。その結果は、関税障壁の一角を崩すこともあれば、不利な条件を呑むこともあった。調整の困難な何系統にもわたる二国間交渉を続ける過程で、日本の経済外交は包括的な通商政策の確立の必要性を認識するようになる。東京の外務省は、一九三四（昭和九）年一〇月に包括的な通商政策の原則を七つにまとめて、在外公館に指示する。

第一の原則は「協和外交」である。「協調的精神を以て折衝する」。この原則の下で交渉を進めれば、「円満なる妥結に到達せしめ事態の悪化を避け乍ら本邦輸出貿易の利益を確保し得ることとなる」。

そのうえで経済摩擦の緩和のために、第二に「無競争品の輸出」、第三に「輸入品の分散に依る輸出増進」、第四に「輸出統制」を具体策として例示する。これらの具体策をもってしても解決が困難な場合は、通商擁護法の発動もやむを得ないとしている。

以上の五項目のほかに「対外国輿論の善導」と「新市場の開拓」の項目がある。

前者についての指示はつぎのとおりである。日本の「不正競争」との言論に影響を受けがちな「外国の大衆」を「善導」し、「本邦産業に対する諸外国の認識」を是正する措置を取ること。

後者はとくに重要なので、原文をそのまま引用する。「最近に於ける本邦輸出貿易の進展は所謂新市場（近東、阿弗利加、中南米）に対する本邦品輸出の躍進に負う所頗る大なるものあるが此等新市場に対しては本邦官民の知識未だ不充分なるものあり。他方相手国に於ても本邦商品に対し充分の認識を有し居らず。本邦官民が一層の努力を払い此等市場の状態を調査研究し本邦商品の紹介、商取引の斡旋等に努むるに於ては将来一層の発展を期待し得べし」。新市場の開拓のために国際的な相互認識を深める。そのためには地域研究をおこなわなくてはならない。ここにおいて日本の本格的な地域研究が始まることになる。

3　地域研究の始まり

東亜経済調査局附属研究所

一九三〇年代における地域研究の画期となったのは、一九三八（昭和一三）年五月の東亜経済調査局附属研究所の設置である。外務省は、満鉄と陸軍の協力を得て、満鉄の附属研究所として同研究所を創設した。

東亜経済調査局附属研究所の地域研究プログラムは、今日の基準からみても斬新である。同研究所は旧制中学卒業の青年たちを地域研究のエキスパートとして養成するためのプログラムを実施する。このプログラムのユニークさは、募集要領の「目的」に明らかである。「目的　将来日本の躍進、発展に備うる為海外各地に派遣し、満拾年間当研究所の指定する公私機関に勤務しつつ、該地の政治、経済及び諸般の事情を調査、研究し当研究所に定時報告を提出せしめ、且一旦緩急あれば必要なる公務に服せしむる目的を以て青年を訓育す」。

ユニークなのは「目的」だけではなかった。「待遇及保証」の項目は言う。「十個年支障なく所定の任務に服し且引続き現地に留まり、事業に着手せんとする者には資金として金壱万円也以内の補助を与う」。このプログラムは、地域研究者として一〇年の公務ののち、現地での起業を奨励し、補助するという。当時の大卒初任給が約六〇円前後だったのと比較すれば、一万円の補助は破格だったはずである。

第一期生二〇人の二年間の修業が始まる。二〇人は予定派遣先・研修語学別に八班を編成する。具体的には以下のとおりである。

班名	予定派遣先	第一語学	第二語学
仏印	ヴェトナム・カンボジア・ラオス	仏	安南
泰	泰	英	タイ
蘭印	インドネシア	蘭	マレー
インド	ビルマ・印度・セイロン	英	ヒンドゥ
アフガン	アフガニスタン	英	ペルシャ
イラン	イラン	仏	ペルシャ
アラビア	アラビア	英	アラビア
トルコ	トルコ	英	トルコ

彼らは当時の日本にあっては希少な外国語を修得するだけでなく、地域研究者として幅広い知

識を身につけなくてはならなかった。経済原論は英語で、政治学や経済地理はもとより、和洋の礼儀作法まで学ぶ。教授陣は各分野のトップを招聘する。外務省からは部長クラス、陸軍からは大将・中将・少将クラスの講演があった。シャム（タイ）の映画を観て同国からの留学生と交歓する機会も設けられた。

東亜経済調査局附属研究所の際立つユニークさは所長の存在である。誰が所長だったのか。大川周明である。大川は一九三二（昭和七）年の五・一五事件に連座して有罪判決を受けた。そのつぎに大川が歴史の表舞台に立つのは、『米英東亜侵略史』（ラジオ放送の原稿をまとめて一九四二〈昭和一七〉年一月に出版）がベストセラーになった時である。この間の空白期に大川は同研究所の所長を務めていた。

イスラーム研究の先駆者、大川周明

大東亜共栄圏を正当化するイデオローグ、超国家主義者としてイメージされる大川の活躍ぶりは、敗戦後の戦犯容疑につながる。東京裁判の法廷で、東条英機の頭を叩いた奇行が注目を集めると、かえって戦前の大川に対する関心は失われる。大川は戦後、「黙殺された思想家」（臼杵陽『大川周明』）となる。

長らく忘れ去られていた大川は、近年になって再評価されている。今や大川は精神が錯乱した超国家主義者ではない。イスラーム研究の先駆者として復権しつつある。『米英東亜侵略史』と

「天性の教育者」として所長に適任だった大川周明（1953年時）

同じ年に『回教概論』を刊行した大川は、すぐれたイスラーム研究者だった。他方で東亜経済調査局附属研究所の所長としての大川は「天性の教育者だった」とする竹内好の評価が肯定的に言及されるようになっている。実際のところ、この研究所で大川は、イスラーム研究者として「回教」や「マホメット伝」の講義を担当していた。

同研究所の予定派遣先リストから明らかなように、地域研究の対象は、経済外交の新市場として不十分な東南アジアとともに、未開拓の市場としての中近東である。イスラーム研究者としての大川は、所長にうってつけだった。

イスラーム研究が活性化していた。東亜経済調査局附属研究所の貴重な文献資料の整理を手伝いながら、「イスラーム思想史」を担当する若き日の井筒俊彦（戦後のイスラーム研究の第一人者）が著作を発表していた。回教圏研究所の研究者たちの概説書や入門書もあった。

大川は別の科目も担当している。「亜細亜建設者」や「近世欧羅巴植民史」、「現代亜細亜」である。講義題目から容易に想像がつくように、アジア主義者として議論を展開した大川は、研修生たちを魅了した。「先生は長身痩軀、度の強い老眼鏡の奥、眼光紙背に白人支配に対する憤り、アジア復興の情熱が若者の胸をつらぬいた」という。なかでも「亜細亜建設者」の講義中は「世紀のアジアの英雄達の魂が先生に乗り移った如き熱弁に打たれた」。東亜経済調査局附属研究所は「大川塾」と別称されるほど、大川のカリスマ性が強かった。

それでも研修生たちが関心を寄せたのは、政治よりも経済だった。彼らはつぎのような将来を夢想した。「将来は、先生がアメリカ・ネバダ州に設立した『汎太平洋通商航海会社』の船が、太平洋、印度洋、大西洋を巡航し、港々の支店長席には熟生が座って貿易に励んでいる希望に満ちていた、自由と平和の海の見える丘で」。東亜経済調査局附属研究所は、海外での起業を夢見る若者の研修施設だった。

中国に特化した東亜同文書院

東亜経済調査局附属研究所よりも歴史と伝統のあるもう一つの地域研究機関があった。東亜同文書院である。一九〇一（明治三四）年創設の東亜同文書院は、貴族院議長を務めた「大アジア主義者」近衛篤麿を代表とする団体を母体として生まれた。東亜同文書院の発展は、日本の大陸政策の発展と軌を一にしている。そのこともあって戦後は、「植民学校」「スパイ学校」などと誤解された。

実際の東亜同文書院は、中国に特化した地域研究の教育研究機関である。上海に設立された東亜同文書院の日本人学生は公費留学生扱いとなる。東亜同文書院は、彼らを「政治・経済等の面における実務的中国エキスパート」として養成する。

東亜同文書院には地域研究の教育機関にふさわしく、フィールドワークがプログラムに組み込まれていた。最終学年の「大旅行」としてのフィールドワークは、三〜六人の班単位で三〜六か月、中国大陸や東南アジア諸国においておこなわれた。このフィールドワークの調査報告書は、今日においても重要な価値があると中国側の研究者も認めているという。

東亜同文書院からは有為な人材が輩出した。ここではふたりの人物を紹介する。

ひとりは外交官の石射猪太郎（一八八七〜一九五四、明治二〇〜昭和二九年）である。石射は東亜同文書院卒業後、満鉄の現地本社に就職した。その後、父親の事業を手伝うために、退職して帰国する。ところが事業が失敗し、石射は失業者となった。再就職は難航した。「同文書院で中国事情と中国語を叩込まれた以外に、身に日本的な箔を着けなければ就職市場で好いスタートは切れない」からだった。

曲折を経て、外交官試験の受験を決意する。一度目は失敗、再受験で合格する。当時の試験科目の外国語に中国語はなかった。東亜同文書院出身者の外交官は石射が最初だった。同期は八人、石射の回顧録によれば、次席での合格だった。

外務省入省後、石射の駐在先は中国大陸の各地が多かった。何度目かの中国で天津在勤となった時、石射は嘆息した。「自分の本領は、中国で働く事にあると思いつつも、外交官への準備時代の目標を、欧米に置いた私に取って、またしても中国行は有り難くなかった」。中国在勤は吉田茂が自嘲気味に言ったように、外務省の「裏街道」だった。東亜同文書院出身で中国在勤が長い石射は、エリートとはほど遠い、外交官の傍流だった。その石射がようやく東亜局長のポストを手にした時、折悪く、日中全面戦争が勃発することになる。

もうひとりは中山優（一八九五〈明治二八〉～一九七三〈昭和四八〉年）である。東亜同文書院の学生は、「大陸に〈志〉を抱く豪傑タイプ」が多かった。中山はそのようなタイプを代表する人物だった。中山は東亜同文書院を経て、大阪朝日新聞に入るものの、病を得て退職、のちに外務省嘱託の職を得る（一九三〇〈昭和五〉年）。中山は中国各地でフィールドワークを展開し、雑誌で論陣を張る。中山の議論の特徴は、第一に日本は中国の統一を支援すべきこと、第二に独伊との提携に対する「疑問」だった。

中山は近衛（文麿）首相の助言者集団、昭和研究会へ誘われる。中山は昭和研究会のなかでもっとも重要な人物のひとりとして、近衛内閣に影響を及ぼすようになる。

国民の中国理解の促進に

東亜同文書院は人材育成の一方で、「支那研究部」による出版活動をとおして、広く国民の中国理解の促進に努めていた。以下で取り上げるのは、東亜同文書院「支那研究部」が一九三九（昭和一四）年に刊行した『現代支那講座』（全六講）である。

このシリーズは政治・経済・社会・文化の多角的な視点から中国の現状を考察する。膨大なデータを駆使する客観的な分析手法は、今も精彩を放っている。読むだけで東亜同文書院に対する誤解は解ける。同シリーズの全体の論調は侵略の正当化とは正反対だったからである。

以下では全六講の要点を三つにまとめる。

第一は自由主義経済の提唱である。一九三〇年代の世界経済のブロック化のなかで、満州国を作った日本では、「日満支ブロック経済」論が台頭していた。日中全面戦争をきっかけとして、「日満支ブロック経済」は「東亜新秩序」あるいは「東亜協同体」へ議論が拡大する。

対する『現代支那講座』の第五講は、対中国貿易政策の精緻な分析の結果、以下の結論に達する。日本の対中国貿易政策の目的は何か。「自給自足経済の確立ではなく、更に活発なる世界貿易への参加でなくてはならぬ」。

同書は「持てる国」対「持たざる国」の論理を否定する。「今日の世界経済に於ては『持てる国』と『持たざる国』との対立を見ているが、かかる傾向は何時までも永続すべきものではない。従って、将来の世界貿易の基礎は『持てる』ことのみではなく、それ以外に優秀なる技術的労働と給付、即ち『より良く働く』ことがその基礎をなすであろう」。

これに続くつぎの一節は、その後の日本の予言ですらある。「天与の資源は不平等である。日本は正に刻苦労働すべき国柄に属する。優秀なる技術的労働と給付とを以て今後の世界貿易の平和的競争に参加すべく運命付けられた国民であることを銘記すべきである」。

同書は繰り返す。「所謂円ブロックと称する自給自足経済内に逃避すべきではなく、世界経済への積極的参加のため更に『より良く働く』ことに依って、日本の対外貿易は永遠に若々しい生命を持続しうるのである」。

第二は対中国認識の是正である。同シリーズは蔣介石の国民政府のナショナリズムを間接的な表現によって、暗に認めている。たとえば第一講にはつぎの記述がある。「国民党の政綱そのものは必ずしも支那社会の進行と逆行したものではなかった」。あるいは中国の財政・金融を分析する第三講は「従来の主要財源の殆ど全部を喪失しながら、尚抗戦を持続し得ている理由」を解明している。共通するのは中国ナショナリズムに対する理解だった。

そこから第六講は日本国民の認識を深めるために、中国の教育・社会・習俗・現代文学・言語・思想・宗教を概観する。同シリーズは日中戦争を対中国認識の是正の機会として逆用した。

第三は日本の国内問題としての日中問題である。第二講は国民に苦言を呈する。「我国今次事変の当初に於て、国民全体がこの事変の真意をわきまえていたかは疑問である」。同書は国民の反省を促す。「戦時利得で有頂天になっていた人等がなかったか」。同書によれば、日中戦争の意義は「我国、国内体制変革の必至化を一般国民に認識せしめた」ことにあった。日中問題の解決をとおして、日本の国内体制を改革する。同書の主張は明確だった。

以上から明らかなように、東亜同文書院「支那研究部」の『現代支那講座』は、当時における地域研究の水準の高さを示している。このシリーズの刊行に止まらない。一九三〇年代の日本の中国研究は興隆を極める。次章で詳述するように、それには大きな理由があった。

従来、私たちはつぎのように理解していた。世界恐慌下、英米の「持てる国」に対して、「持たざる国」日本はブロック経済体制によって挑戦した。その対抗関係の結果がアジア太平洋戦争だった。ところが実際にはそうではなかった。一九三〇年代の日本は、通商自由の原則を掲げて、世界大で経済外交を展開していたからである。

一九三〇年代の日本の経済外交が恐慌克服を目的としていたことはまちがいない。しかしそれは、たとえばイギリスのように特恵関税ブロックを作ることによってではなかった。日本の恐慌克服政策は、高橋蔵相が主導した。金本位制からの離脱によって円安を誘導し、輸出を拡大する。高橋の積極財政は経済外交の拡大を促進した。日本が引き起こしたのは、経済ブロック間の対立ではなく、自由主義の通商貿易政策の成功による経済摩擦だった。

Ⅴ章　戦争と国際認識の変容

1　日中戦争と「東亜」の創出

満州国の「門戸開放」

一九三〇年代の日本の経済外交は、大きな矛盾を抱えていた。通商自由の原則を掲げながら、日満ブロック経済を形成していたからである。この矛盾は対米関係を困難にするおそれがあった。日本の経済外交は、満州国の「門戸開放」原則の確認によって、切り抜けようとする。

一九三三（昭和八）年のロンドン世界経済会議に先立つ日米予備交渉に向けて、内田（康哉）外相は石井（菊次郎）全権に対して指示している。「満州国に於て経済的に独占的地位を獲得せんとするものに非ず。門戸開放機会均等は尚満州国自体の国是の一なるに付米国其の他列国は同方面に於て充分活動の機会を有するものなることを徹底せしめ斯くして満州問題に関する認識を深めしむると同時に事態を静観するの態度を執る様誘導するを要す」。

現地からはより具体的な意見具申が届いていた。ニューヨークの堀内（謙介）総領事は、満州国に対するアメリカ資本の導入の促進を訴える。「満州が今後如何に経済的発展を見るべきやは現在米人実業家の注視する処なるに鑑み彼等に安心と希望とを与うることは所謂『スチムソン、ドクトリン』を実際方面より死文たらしむる捷径と云うべく、此点よりして在満米国商社に相当取引上の機会を与え又米国製造家に纏りたる注文を発し又二、三の米人技師を満洲国政府に傭聘するが如きは最も有効なる宣伝となり（日本商人の手に依り米国品輸入の増加だけでは米人の希望を繋ぐに足らず）延いては米国資本を誘致する気運をも漸次醸生するに至るべし」。

要するに日本の対米経済外交は、市場としての満州国に対するアクセス権を認めること（満州国の「門戸開放」原則の確認）によって、自由貿易と日満ブロックの矛盾が顕在化しないように努めていた。

門戸開放原則は、本来、アメリカの対中国政策の基本原則である。日本も一九二二（大正一一）年の九国条約の締結国となって、この基本原則を守ることになった。満州事変は九国条約の枠組みからの逸脱である。それでも日本外交は、中国と同様に満州国に対しても門戸開放原則を確認することで、九国条約の枠組みのなかに止まりつづけようとした。

盧溝橋事件

以上の外交路線は、一九三七（昭和一二）年七月七日の盧溝橋事件の勃発によって、大きく揺らぐことになる。

日中間の偶発的な軍事衝突事件が全面戦争に拡大する。日本の九国条約違反を黙認しないアメリカが何らかの制裁措置を講じるかもしれない。そうなれば一大事である。日本の経済外交は立ち行かなくなる。

日満米の三国間には経済的な相互依存関係が成立していた。満州国の経済的な国家建設のためには、日本からの投資が必要だった。日本の対満投資のためにはそれに見合う外貨を獲得しなくてはならなかった。どうすれば外貨を獲得できるか。輸出の拡大である。日本にとってもっとも大きな海外市場の一つはアメリカだった。日満経済ブロックはアメリカに依存していた。そうである以上、そのアメリカとの関係を決定的に悪化させかねない日中全面戦争は、回避しなくてはならなかった。

外務当局のなかで、中国を扱うセクションの東亜局のトップは石射猪太郎だった。東亜同文書院出身の知的バックグラウンドを持つ石射東亜局長は、正確な情勢認識に裏づけられた、冷静な判断を下す。

盧溝橋事件の初期段階において、石射は中国のナショナリズムが後押しする蔣介石の不退転の態度を読み取っている。石射は日記に記す。「措辞頗る堅固、理路正〔整〕然、南京の決意の程が見える」。石射は盧溝橋事件を批判する。「無名の師だ。それがもとだ。日本はまず悔い改めねばならぬ。然らば支那も悔い改めるに決まって居る。日支親善は日本次第と云う支那の云い分の方が正しい」。

ところが近衛内閣は七月一一日に増派を決定する。翌一二日の夜、近衛は各界の有力者を首相官邸に招き、支援を求めた。石射も行ってみると、「官邸はお祭りのように賑わっていた。政府自ら気勢をあげて、事件拡大の方向へ滑り出さんとする気配」だった。なぜこうなったのか。首相側近の「先手論」である。「事件がある毎に、政府はいつも後手にまわり、軍部に引き摺られるのが今までの例だ。いっそ自身先手に出る方が、かえって軍をたじろがせ、事件解決上効果的だ」。石射は憤慨した。「冗談じゃない、野獣に生肉を投じたのだ」。

「野獣」とは軍部のことだったのか。必ずしもそうとばかりは言えなかった。石射は石原（莞爾）陸軍参謀本部第一部長の「支那軍に徹底的打撃を与える事は到底不可能」との考えを聞き及んだ。「私の予見も其通り」だった。石射は陸軍内に二つの路線があることを知る。対中国「一撃論」と対ソ戦優先の観点からの早期解決論である。近衛首相の主観的な意図も早期解決論だった。石射に活躍の場が生まれる。石射を電話で首相官邸に呼び出した風見（章）内閣書記官長は「中日問題解決案を私見でも好いから話してくれ」と依頼した。

石射の私案は政策形成に影響を及ぼす。外・陸・海の三省事務当局会議では、停戦と国交調整に関する「大乗的な東亜局案がリードした」。石射は希望を抱く。「これが順序よくはこべば、日支の融和、東洋の平和は具現するのだ。日本も支那も本心に立帰えり得るのだ、崇い仕事だ」。

国内の好戦ムード

ところが近衛首相の演説原稿に目を通してみると、石射は落胆した。「軍部に強いられた案であるに相違無い。支那を膺懲とある。排日抗日をやめさせるには最後迄ブッたたかねばならぬとある。彼は日本をどこへ持って行くと云うのか。アキレ果てた非常時首相だ。彼はダメダ」。

なぜ近衛は「ダメ」になったのか。軍部の政治介入だけではなかった。石射は九月二日の日記に記す。「暴支膺懲国民大会、芝公園にあり。／アベコベの世の中である」。近衛首相の早期解決の意図を妨げたのは、軍部だけでなく、国民大衆もそうだった。

石射は回顧録のなかに「ジャーナリズム、大衆、議会」の節を設けて、なぜ戦争が拡大したかを明らかにする。石射は臨場感にあふれる筆致で、国内の好戦ムードを描く。「元来好戦的である上に、言論機関とラジオで鼓舞された国民大衆は意気軒昂、無反省に事変を謳歌した。入営する応召兵を擁した近親や友人が、数台の自動車を連ねて紅白の流旗をはためかせ、歓声を挙げつつ疾走する光景は東京の街頭風景になった。暴支膺懲国民大会が人気を呼んだ。／『中国に対して毫も領土的野心を有せず』などといった政府の声明を、国民大衆は本気にしなかった。彼等は中国を膺懲するからには華北か華中かの好い地域を頂戴するのは当然だと思った」。

石射の回顧録は「世を挙げて中国撃つべしの声」の挿話に満ちている。現地では「この聖戦で占領した土地を手離すような講和をしたら、我々は蓆旗で外務省に押しかける」と在外公館に詰め寄る人々がいた。「自称中国通が私を来訪して、山東か河北位を貰わにゃならぬと意気込んだ」。ある宗教家は「上海あたりを取ってしまえ、それが平和確保の道だと説いた」。石射の前に立ちはだかったのは、軍部だけでなく、中国に対する無理解な国民だった。

トラウトマン工作

近衛内閣は国内の戦争ムードに引きずられながらも、早期解決をあきらめなかった。和平工作のもっとも有力なルートとして、ドイツのトラウトマン駐華大使の仲介が浮上する。ところが戦局の優勢が和平工作を妨げる。首都南京の陥落も近い。そうなると和平条件が加重される。戦勝気分に沸き立つ国民世論が政府を拘束する。

石射はトラウトマン工作に冷ややかだった。「今からの媾和は決して日支間の根本的提携を持来さぬ。之は陸軍の工作に相違ない」。石射はそう推測した。陸軍の主導する和平工作にもかかわらず、加重された和平条件をめぐって、日中間の立場のちがいを埋めることはできなかった。一二月八日、政府はトラウトマン工作の打ち切りを決める。石射は呆れた。「不統制なる陸軍は部内で独利用論と、其反対論と対立した果てに右の様になったのだ」。

石射は細くてもたしかな情報ルートを持っていた。たとえば小川（愛次郎）上海満鉄事務所員である。小川は石射に現地情勢を伝える。「日本は battle には勝っても war に敗れる。危機である、早く時局収拾せねばならぬ」。あるいは同盟通信の松本（重治）上海支局長が話す。「一月やそこらでは到底参ったと云う支那で無い……蔣介石が赤色分子にあやつられて居ると云うのもウソ」。日本側からの思い切った譲歩がなくては和平は成立しない。小川や松本からの情報はそう示唆していた。

「国民政府を対手とせず」

近衛内閣はトラウトマン工作の打ち切りを内外に示すために、一九三八（昭和一三）年一月一六日に「国民政府を対手とせず」との声明を発表する。石射からすれば、同情の余地はなく、「これでサバサバした」。

「国民政府を対手とせず」声明は、日中戦争の早期解決をめざしていた近衛の助言者集団、昭和研究会のメンバーにとって「まったく青天の霹靂」だった。「他の内閣ならいざ知らず、近衛内閣によってこのような声明が発せられようとは、まったく思いもかけぬことであった。この声明によって、蔣介石を相手とする一切の和平交渉の望みはふっ飛んでしまった」。

他方で石射によれば、新聞は近衛声明を「皆礼讃」していた。すべての和平ルートが断たれたあと、残ったのは中国に対する無理解、蔑視感情をあらわにした戦争を支持する国民世論の熱狂だった。

中国再認識論

「国民政府を対手とせず」声明によって、早期解決の可能性を失った日中戦争は、長期化する。戦争の長期化は思いがけずも中国再認識論をもたらす。日中戦争は石射の言うように、「無名の師」として始まった。石射は日記に記す。「米国の一新聞云く、日本は何の為めに戦争をして居るのか自分でも判らないであろうと。／其通り」。いつまでもわからないではすまなかった。この戦争の目的は何か。前線の兵士から銃後の国民まで、程度の差はあっても、誰もが考えるようになる。

大陸で戦う日本軍の兵士は「日本兵を白眼視する冷たい眼差し、いつ襲撃されるかも知れないという恐怖」のなかで、それでも「本気になって文化とかアジアとかいう事を考え」始める。銃後では中国語の学習がブームとなる。中国語の学習熱をとおして、国民は中国を再認識するようになる。

中国を知りたい。国民の関心に応えるために、さまざまな出版物が刊行される。さきに言及した東亜同文書院の講座シリーズもその一つだった。この講座の第六講は戦争を契機とする中国語への関心の高まりを肯定的に評価する。「満洲事変に継いで日支事変勃発し我が国民の支那語に対する関心が高まりつつある事は欣快に堪えない。然し此れは遅きに失する恨み無しとしない。支那語の世界的地位と密接不離な日支関係に想いを致せば、従前の無関心が不思議な位であって、今後東亜新秩序建設が進行すると共に、邦人が支那語に親しみ之を研究する必要は愈々加って来るわけである」。同書は中国語の理解をとおして、「支那民族の習性国民性」を学び、「我が国民の支那民族に対する認識が是正せられ対支国策が誤り無く遂行せられる様切望」した。

現代中国を多角的に分析するこの講座は日中戦争の目的を新しい「東亜」の創出に求める。「資本主義国が、資本主義体制を維持しようとするほど、世界の文化水準は低下する。／新しい体制と、新鮮なる熱情が世界を動かさなければならぬ時代が来た。／今次事変はこの新しい体制を、新しい熱情を以て、一度は西欧的秩序の中に停滞し、煩悶しつつあった東亜に樹立しようとの闘である。資本主義的埒内に於ける、武力的、一時的解決を追求しているのではない、むしろそれを超越したものがなければならぬ」。

古い「東亜」は欧米帝国主義の植民地化によって、停滞と後進を余儀なくされた。これに対して日中は脱帝国主義を志向する「東亜」新秩序の確立をめざす。日中戦争を奇貨として、新しい「東亜」を創出する。東亜同文書院の先端的な中国理解は、戦争の目的を再定義した。

「支那人をもっと知ろう」

出版物をとおして中国を知ろうとする時、東亜同文書院の講座シリーズよりも広範な影響力を持っていたのは大衆雑誌である。ここでは農村向け（都市版もあった）大衆月刊誌『家の光』（購読者数一〇〇万人以上）を例として取り上げる。一九三八（昭和一三）年一一月号は「支那人をもっと知ろう座談会」を掲載している。出席者は、新聞社、企業家、軍人、研究者である。

この座談会は身近なところから中国を正しく理解するように読者に求める。たとえばある出席者が発言する。「私が支那にいた時に、死人を埋葬した土饅頭の上で遊んでいて、追いかけられたことがある。祖先を尊ぶ支那人はそれを非常に神聖視しているのを、構わず登ったりなんかしたので、彼らの怒りに触れたわけです」。別の出席者は反省を求める。「北京では五月から浴衣と素足は禁じられたはずだ。内地では黒塗の下駄に素足は粋なものだが、支那人にはエロ的に見え、立派な奥様が醜業婦と間違われる。だらしのない和服婦人は自粛自戒して頂きたいものだ」。日中の文化・習慣のちがいに注意するようにとの発言もあいつぐ。「支那人は顔をタオルで拭く時、日本人とはあべこべで、手を動かさないで顔をぐるぐる動かして拭きますな。あれは衣服のせいでしょう。むこうでは日本人の腕まくりをいやがる」。

要するにこの座談会は、中国の国民性、ナショナリズムの尊重を強調していた。「私は、支那人に対して、日本がこうしてやるぞという優越感をもって望む態度は、支那人がいやがると思う。支那人は自分の国を大国となし、自ら称して中華というているほどであるから、他の国から、とやかくといわれると、非常に自尊心を傷つけられる」。

この例からわかるように、戦争が長期化する一方で、国民の対中国認識はその底辺が拡大していく。

中山優と第二次近衛声明

対中国認識の底辺の拡大を背景に、政府は日中戦争の目的を国民に示す。それが一九三八（昭和一三）年一一月三日の第二次近衛声明（「東亜新秩序」声明）だった。

近衛の助言者たちがこの声明を作成した。直接の起草者は中山優とされる。中山は盧溝橋事件が勃発した七月に一文を記している。そこには第二次近衛声明の原型があった。「日本の中国に求むるものは、物質的には日中の経済流通を互恵平等的に活潑ならしむるにある。精神的には、その国家主義は世界の新機運たる『ブロック』的聯帯主義の内にのみ成育し得るもの、即ち、排日と親日との観念の転倒にある。一片の領土を求めず、一不辜を殺さず、中国が東洋に還えることによって、日中が協力し、新しき第三の文明を以て世界平和の礎石を築かんとするところにある」。

対する第二次近衛声明は、「東亜永遠の安定を確保すべき新秩序の建設」を戦争目的に掲げる。この声明が中国側に求めたのは、「東亜新秩序建設の任務を分担せんこと」だった。しかも「国民政府と雖も……東亜新秩序の建設のため来り投ずるならば、敢えてこれを拒否せず」と「対手とせず」声明からの転換を示唆した。

中山の一文と第二次近衛声明に通底するものは、東亜同文書院の講座が掲げる戦争目的と関連する、「東亜」の創出である。留意すべきは、中山にとって「東亜」ブロックは、「精神」的な「聯帯主義」を指しており、経済ブロックではないことである。中山はわざわざ「物質的には」「経済流通を互恵平等的に」おこなうとしている。「互恵平等的」とは、経済ブロックではない、自由主義的な互恵通商貿易のことを指す。第二次近衛声明は、このような中山の新「東亜」構想の影響を受けていた。

中山の一文と第二次近衛声明との間に通底するものがあったとしても、完全に同じではなかった。直接の起草者が中山だったにせよ、第二次近衛声明は、昭和研究会のメンバーのなかでもとくに蠟山政道の思想を色濃く反映していたからである。蠟山が『改造』(一九三八〈昭和一三〉年一一月号)に発表した「東亜協同体の理論」と比較すると、第二次近衛声明は「蠟山が草稿を書いたのだとすることさえ説得的にひびくかもしれない」との指摘もある(『再考・太平洋戦争前夜』)。以下では中山の一文と第二次近衛声明と共通する、蠟山の「東亜協同体」論に注目したい。

共通点は二つある。

第一は「東亜」の「精神」的な連帯である。蠟山は言う。「東洋が地域的協同体となる動因は、先ず、その精神と心意にある」。蠟山にとって「東亜協同体」は「運命協同意識を基礎」としていた。

第二はブロック経済の否定である。蠟山は「最も重要な地域協同体の理論」として強調する。「東亜新秩序」は「決してアウタルキーでもブロック制でもなくて、世界体制、従って世界政治経済構成の原理である」。

これらの共通点からわかるように、第二次近衛声明は、実質的には中山と蠟山の合作だった。第二次近衛声明の発表前後から「東亜協同体」論が活性化する。昭和研究会においても、蠟山はもとより、中国研究の尾崎秀実や哲学の三木清らが中心となって、「東亜」の創出を議論している。

「東亜協同体」論は、さきの東亜同文書院の講座が指摘するように、「国内体制変革」の問題でもある。「日支事変の根本的解決の基礎は我国の国内問題としても現れる」。昭和研究会のなかでこの問題を重点的に扱ったひとりに矢部貞治がいる。矢部は「東亜新秩序」に対応する国内新秩序として「共同体的衆民政」の理論を構築する。矢部の議論は、イギリスが代表する議会・政党の政治を時代遅れの「自由主義的衆民政」と批判する。これに代わる「共同体的衆民政」は「指導者による執政」の下で議会政治と資本主義の限界を克服する新しい政治体制である。「共同体的衆民政」はかつて矢部が批判したヒトラーのドイツの知的影響を受けている。「指導者による執政」とは近衛による「執政」のことである。近衛内閣の下で、日本は「東亜」の創出をとおして、国際新秩序と国内新秩序の確立をめざす。

2　ファシズム国家との対立

日独防共協定

独伊のファシズム国家への傾斜は、一九三六（昭和一一）年一一月二五日の日独防共協定の成立を直接のきっかけとしている。先手をとったのは、外務省をバイパスして現地で交渉を進めた陸軍だった。既成事実の追認を余儀なくされた外務省ではあっても、対独接近のリスクを測れば、この協定の空文化をめざす以外になかった。外務省は欧州における英独対立を前提として、日独防共協定が反英提携になることを警戒した。日独防共協定の目的は、共産主義に関する情報交換程度に止まる。そう合理化することで、対英関係の悪化を防ごうとした。

日独防共協定の成立にもかかわらず、日本国内で親独ムードは生まれなかった。ナチスの運動は低調だった。内務省警保局は一九三七（昭和一二）年の国内におけるナチスの運動について、「活動は格別振わず団体的活動として見るべきものなかりし」と報告している。同年の主な活動は、ヒトラーの政権獲得四周年紀念祝賀会（出席者二〇〇名）くらいだった。これでは日本の国民がドイツに関心を寄せるのはむずかしかったにちがいない。

排英運動の高まり

対独接近の抑制＝対英関係の維持に対する外交的な挑戦は、日中全面戦争の勃発によって、力を得る。それは排英運動を背景に持っていた。

日中全面戦争の拡大はその背後にイギリスがいる。英中接近が戦争の解決を困難にしている。イギリスこそ中国に帝国主義的な権益を持っている。排除すべきはイギリスである。このように主張する排英運動は、軍部主導の官製国民運動のニュアンスを漂わせながら、全国各地で国民大会を開催する。たとえば一一月二二日の日比谷公会堂の「対英国民大会」は四五〇〇人が集まった。この大会は対英宣言を決議する。そこには反英＝対独伊接近の姿勢が明確に現われている。宣言文の一節は言う。「英国は西欧に於て独伊の飛躍的進出に驚愕し東洋に於ては旭日昇天の勢威を以て躍進邁往する皇国日本の雄姿に瞠目狼狽し蔣政権の没落を救い日本の躍進を抑え以て多年不法に獲得せる独占的権益を維持せんと焦慮し」ている。

反英＝対独接近は、日独防共協定へのイタリアの参加（一九三七〈昭和一二〉年一一月六日）によって勢いづく。イタリアは、一方では地中海の支配権をめぐってイギリスと対立し、他方ではエチオピア侵略によってイギリスを中心とする国際連盟の制裁を受けていた。反英のイタリアが防共協定に参加したことは、排英国民運動の追い風となった。この国民運動は排英だけでなく、反帝国主義を掲げるようになる。ここに日本国内において排英と反帝国主義の国際運動が連動する。「排英運動と相呼応し亜細亜民族の結合団結を策せんとする運動も亦急激に発展するに至りたり」。内務省警保局が注目したのは、一〇月二八日に開催された第一回「青年亜細亜会議」だった。この会議にはタイ、インドネシア、アラビア、蒙古、「北支」、インドの各国代表が参加している。

決議文を採択後、自動車に分乗しイギリス大使館を訪問した一行は、「大英帝国主義打倒」、「英国よ支那より手を引け」の旗を立てて、大使に面会を求めた。

一〇月三一日には同様の大会が日比谷公会堂で開催される。この「全アジア民族青年代表大会」にはアジア各国からだけでなく、「回教徒連盟会長」も参加している。排英＝反帝国主義運動は、イスラム教を味方につけた。

排英は反帝国主義＝アジア「解放」・対独伊提携・戦時体制強化を結びつける。ある右翼団体のビラの一節は言う。「亜細亜民族解放戦第二次世界大戦に備えよ、／日独伊軍事同盟の締結万歳即時戦時体制を確立し国体明徴を徹底せよ」。

これをもって紙くずのような一片の「アジビラ」とすますわけにはいかない。もっとも先端的な知識人の一人、矢部貞治も類似した論理に傾きつつあったからである。昭和研究会の外交委員会においてイギリス外交を研究していた矢部は、反英意識を強めていく。「『持てる国』の善意による資源配分という構想は現実的でない」。そのように認識するようになった矢部は、「『持たざる国』が生存のため『持てる国』への闘争を行うという論理に完全に転換して」いく（源川真希『近衛新体制の思想と政治』）。

矢部のもとへ外務省から連絡がある。「色々の人の教示を乞う為めに情報部長がお目にかかりたい」。矢部は外務省を訪れる（一九三七〈昭和一二〉年九月一三日）。河相（達夫）情報部長が問う。「特に英国人に対しどの様な点から日支事変を説明してやったらいいか」。矢部は答える「Haves と Have nots の問題で喰い入ったら一番よかろう」。河相は「要旨を書きものにして頂きたい」と依頼する。矢部は九月二〇日に「想案」をまとめる。

ほどなくしてローズヴェルト大統領がシカゴで「隔離」演説をおこなう（一〇月五日）。「人間社会において伝染病が発生し、流行せんとした場合、その蔓延を防ぐために病人を隔離することが一般に認められている」。ローズヴェルトは呼びかけた。「無法国家」は他国が一時的に隔離すべきだ。「無法国家」の日本は伝染病の病原菌だった。すでに日中戦争は列国の権益が錯綜する上海に飛び火していた。孤立主義のアメリカに態度の変化が生まれるようになった。

外務省は「隔離」演説を「暗に支那事変に関する帝国の方針に対し不当な論難を加えている」と判断した。翌六日、河相情報部長が談話を発表する。その内容は矢部の助言どおりだった。「日本は五十年間に人口は倍加した。然るに狭小なる島国外に発展の地を求めんとすれば各地で拒まれている、世界は現に『持てる国』と『持たない国』との争がある、資源原料分配の不公平の声が甚だしく騒ぎ立てられている、若しこの不公平が是正されないとすれば『持てる国』が『持たない国』に対し既得権利の譲歩を拒んだならば、これを解決する途は戦争によるの外はないではないか」（『東京朝日新聞』一九三七〈昭和一二〉年一〇月七日夕刊）。

ファシズム国へ歩み寄る矢部

矢部はファシズム国家の体制に接近し、「独裁政」を擁護する。「真正なる独裁政は、その本質に於ては寧ろ、合法的概念である」。なぜこうまで言うのか。「新しき衆民政機構は、現代の大衆的社会生活を組織する集中的統制機構として、決して一種の執政（Direktorium）乃至受任的独裁政（kommissarische Diktatur）を、避くるものではない」からだった。

矢部はナチズムの「種族と民族のミトス」のイデオロギーを「ゲルマン精神ゲルマン文化の狂信的高揚」と嫌悪し続けた。それでも矢部はナチズムに可能性を見出す。「執行権の強大と、自由主義的なる絶対自由権の抑制が、全成員の意思の上に統合せらるる、所謂『日々の一般投票』によるものであるならば、それは……新しい衆民政の機構として、絶大の示唆を有するのである」。

要するに矢部は、「大衆国家に於ける強力なる集中権力の必要と、公共福利のための、政治権力による経済的無政府の克服」のためならば、「独裁政の中に、新しき政治機構の学ぶべき、絶大の示唆の包蔵さるることをも看過してはならない」と強調した。

蠟山政道の対英協調論

矢部と同じく昭和研究会の主要なメンバーである蠟山政道は、矢部とはやや異なる考え方をしていた。対独伊接近と対英関係をめぐって、蠟山は言う。「防共協定の一線は飽くまで確保しなければならぬが、日本は伊太利の如く、対英問題はそれと離れて解決するの方策に出なければならぬ。支那事変の解決の重心は結局対英関係にあるように思われる」。

中国をめぐって「日本は英国の権益について充分之れを尊重する試意《ママ》を示すべきであると思う。日英の経済的利害の対立などは別に方法を講じて克服すべきであって戦争をやったところで直ちに解決できるようなものではない」。このように述べる蠟山を帝国論的な対英協調論者に区分しても、違和感はないだろう。蠟山の国際新秩序構想は、中国をめぐる「持てる国」との協調が前提となっていた。

行き過ぎた強硬論

矢部は河相情報部長の談話を新聞で読んだ。「夕刊に載った外務省情報部長のルーズヴェルト大統領の演説に対する反駁には『持てる国』と『持たざる国』の問題を大々的に振りかざし、持てる国が雅量を示さねば戦争も已むを得ぬとまで言っている。先日来僕の提出した意見が、こんな形でこう強く出て来ようとは思わなかった」。矢部はたじろいだ。河相談話の「これを解決する途は戦争による外はないではないか」は勇み足だった。矢部といえども対米戦争の意図はなかった。

対英米強硬論の行き過ぎは是正される。昭和研究会内では矢部よりも蠟山の構想に比重が移る。それは矢部の望むところでもあった。矢部は一〇月二九日の日記に記す。「情報部長が非常に僕を頼りにしているので、中心になって他の人々とも相談し、色々の観点、材料を教えてくれないかとの事で、神川〔彦松東京帝大教授、国際政治〕、蠟山さんに兎に角頼んで見ろと示唆する」。

「持てる国」対「持たざる国」

蠟山はどのように考えていたのか。蠟山の具体的な構想を再構成する。

蠟山は同年同月に記した論考「『持てる国』と『持たざる国』」において、河相情報部長談話の「『持てる国』対『持たざる国』」の対立図式を批判する。「この問題は、最初より現在の国際通商の上の不合理の分析とその是正と云う経済的考慮から出たと云うよりは、政治心理学的不満の表現であった。そこには建設的な論理の道具としてよりは、現状破壊のジャスティフィケーションとして用いる傾向があった。過日、新聞を賑わした外務省情報部長の談話によるルーズヴェルト大統領の演説への反撃に於ける『持てる国』と『持たざる国』の対立事情の理由の如きは正にその心理的な表現である」。

なぜ蠟山は「持てる国」対「持たざる国」の対立の論理を「経済的考慮」ではなく、「政治心理学的不満の表現」、すなわち非合理的な考えと退けたのか。

蠟山は原料・資源の国際的な分配が不平等であることを認識している。これを是正するためにはどうすればよいか。

方法は二つある。一つは「商業手段によって流通経済的に行う」。もう一つは「領土又は政治機構或は行政手段の変更によって行う」。これらは二者択一ではない。併用すべきである。そのような趣旨を強調する蠟山の考えは、戦争に訴えることを正当化するものではなかった。なぜならば、前者は「国際通商上から見て、植民地資源の流通を阻害している『持てる国』の関税制度や『持たざる国』と植民地との為替関係やを改善すること」であり、後者は「『持たざる国』が『持てる国』の植民地に資源開発権を獲得する」ことだったからである。

要するに日本はどうすればよいのか。「こういう方法による資源開発の新意義を認識して、それを世界に知らしめる為めに、一切の行政や技術等につき綜合的な案作を示し、それの経済的価値を示すの用意が必要である」。このように述べる蠟山は日本に反省を求める。「それが出来なければ、今次の支那事変の原因を『持てる国』と『持たざる国』との対立として、世界に向って呼号する資格はあるまいと思う。それは帝国主義と反帝国主義との抗争に過ぎない、と云う反対論を打破できないであろう」。

他方で蠟山は、すでにみたように、「東亜協同体」論を展開していた。蠟山は「東亜協同体」と対英米「協調」の両立をめざす。中国に対する欧米の貿易、投資等の経済活動は、ほぼ従来どおり認める。このような立場は蠟山の個人的な見解に止まるものではなく、昭和研究会のメンバーが共有していたと推測できる。昭和研究会の作業部会の一つ「東亜ブロック経済研究会」の報告書は記す。「外国資本の利用の如きも、当面の段階に於いてもむしろ必要であるというのが我々の研究に於ける結論の一である」。

ところが日独防共協定にイタリアが参加する。蠟山は対英関係の悪化を憂慮した。「『平和が存する間は平和を延ばすのが平和政策である』と、ケーンズ〔ケインズ〕は言っている。／しかし、不幸にしてかような経済学者の議論は、最早英国の大勢でないようである」。のちに日本は防共協定によってイギリスを敵に回した「つけ」を払わなくてはならなくなる。

対独伊接近の抑制

行き過ぎた対英米強硬論が是正に向かったように、対独伊接近も抑制に向けて、巻き返しが始まる。一九三八(昭和一三)年一月、ドイツ側は防共協定の同盟への強化を日本側に提案する。ドイツ駐在の武官大島(浩)陸軍中将は「持久の様相を呈していた支那事変の解決、また之が為蘇英牽制の三目的を達するため独伊を利用するは有利なりと認め」、笠原(幸雄)少将を帰朝報告させた。

政府内での検討は大島たちの思いどおりにはいかなかった。八月二六日の五相(首・外・陸・海・大蔵)会議は釘を刺した。「英、米を敵とするが如き印象を与えざる」ようにすることと、「武力援助を行う義務」の緩和が条件だった。

これを起点に防共協定強化問題をめぐって、五相会議は約七〇回、開催される。陸軍と外務省が対立したからである。

同時期、もう一つの日独間の交渉も難航していた。日独貿易協定交渉である。防共協定強化交渉と日独貿易協定交渉は、共振して日本の対独接近を抑制する。

日独貿易協定交渉の主要な争点は、鯨油と満州大豆の対独供給量不足問題だった。鯨油と大豆の問題でしかないとはいえ、ドイツが必要とする物資を日本(と満州国)が供給できないのは事実だった。

日独両国は「持たざる国」として経済的に似てはいても、相互依存関係にはなかった。それどころか中国市場をめぐって、ドイツの輸出入が増加していた。ドイツは同じ「持たざる国」として経済的な競争国だった。外務省は競争が対立にエスカレートすることを警戒する。「対立関係に立つ時の到来すべきことを予想しなくてはならぬ。是経済情勢の相似性より生ずる必然の帰結であろう」。

「東亜協同体」論の挫折

対独伊接近の抑制の一方で、近衛内閣は、蠟山の「東亜協同体」論に基づく「東亜新秩序」の形成による日中戦争の解決をめざす。蠟山は政治・経済レベルに止まらない、「東亜協同体」を構想する。蠟山は言う。「『日本的なるもの』『支那的なるもの』『東洋的なるもの』というような空漠としてはいるが、或る統一的な高位的文化概念によって諸文化現象間の遅滞と行過ぎとの混乱を是正しようとする知的努力が行われている。……政治建設に必要なものとしてかような文化的綜合概念の創造は決して不可能な業ではあるまい」。

蠟山の「東亜協同体」は文化的な共同体でもある。ここには間接的に東亜同文書院の流れをくむ対中国認識の深まりが反映している。より広く言えば、「東亜協同体」の議論の進展は、日本国内の対中国再認識論の高まりを背景としていた。

近衛内閣総辞職を受け、後継した平沼騏一郎

しかし蒋介石の中国が「東亜新秩序」構想に乗ってくることはなかった。一九三九（昭和一四）年一月、近衛内閣は総辞職する。

日中戦争解決のための対米工作

後継の平沼（騏一郎）内閣は別の方法で日中戦争を解決しなくてはならなくなった。それは対米工作をとおしての日中戦争の解決だった。平沼はこの年（一九三九〈昭和一四〉年）五月一八日にローズヴェルト大統領に宛てて、親書を送る。日米両国は協力して緊張する欧州情勢の調停にあたる。このような親書の趣旨が具体的に実現する可能性はなかった。しかし関係修復に向けて、日本側が発信したメッセージの意味はあった。平沼は対米関係を「できるだけよくしていきたい」考えだった。「東亜新秩序」構想による自力解決が挫折したあと、戦争の収拾には第三国の仲介が必要だったからである。

平沼は水面下で対米工作を進める。そこに現れたのは大川周明である。首相秘書官の意向を受けた大川は対米借款を構想した。日米の経済提携の緊密化によって、アメリカに経済的に依存する蔣介石に打撃を与える。対米借款の構想は蔣介石を和平に引きずり出すのがねらいだった（加藤陽子『模索する一九三〇年代』）。

独ソ不可侵条約の影響

対米工作の模索のなかで、一九三九（昭和一四）年八月二三日、独ソ不可侵条約が成立する。突然のことだった。直前までドイツ側は防共協定強化に熱心だったからである。オット駐日大使は日本の国内世論の啓発に努めていた。四月二五日には言論界の大御所、徳富猪一郎（蘇峰）に東京会館で、五月五日には日本商工会議所会頭伍堂卓雄と、それぞれ会見している。オットは席上、「防共協定の強化を説き、国内輿論を打診」した。内務省警保局の報告書は観測する。「右は欧洲情勢の変化に即応し、日本の対独輿論の好転、乃至日英接近防止等を企図せしものと認める」。

ところが独ソ不可侵条約の成立によって状況は一変する。「本邦の国内輿論は独逸に対し相当硬化」したからである。「独逸は其の緩和に相当腐心」する。たとえば九月二日にはドイツの駐日武官一同が靖国神社に参拝、花輪を献納した。翌三日にはオットは日独伊親善協会理事長（山本〈忠興〉早稲田大学工学部長）と面談し、「独蘇不可侵条約は締結したるも、独逸の防共方針には変化なきこと、及び日支事変と日蘇問題との関連を説き、其の解決に努力する用意ある旨を仄か」した。

オットは釈明に努めながらも、不平を漏らす。「日本でも日独軍事同盟問題で五十回も八十回も会議を開いて何にもならなかったのではないですか」。事実そうだった。「対独感情の融和乃至日独提携運動に関する意見の交換」は続く。オットは日本の要路者、とくに世論啓発に役立つ人物との会見をおこなう。そのなかには東方会長中野正剛もいた。中野は「時局柄宣伝の具に供せらるる虞あり」として、一度は会見を辞退している。

日本の対独感情は悪化した。平沼内閣は総辞職する。日本外交はファシズム国から離れて、アメリカに接近するようになる。

大政翼賛会の成立

政権は再び近衛に回ってきた。昭和研究会の活動が再活性化する。近衛が重用したのは矢部である。近衛が矢部に期待したのは、国内新体制の構想だった。ファシズム国家に翻弄され、自主的な日中戦争の解決が困難に陥った日本外交を立て直す。そのためには強力な国内基盤の確立が必要だった。

矢部はヒトラーのドイツの一党体制に類似した近衛新体制を構想する。ドイツとの同盟関係の強化とは別の次元で、ドイツと類似した国内新体制を確立することは、矢部とは異なる立場の蠟山も受け入れやすかった。蠟山も強力な政治・外交指導のための国内体制の整備を考えていたからである。蠟山は一九三八（昭和一三）年二月の段階で記している。「ナチスのような独裁政党ではなくして、しかもナチスのやったような国内統一を、日本独特な民本的な仕方で行うべき政党の出現を俟たねばならぬ」。

蠟山の考えは近衛新党構想を経て、一九四〇（昭和一五）年一〇月の大政翼賛会の成立に至る。大政翼賛会はヒトラーのドイツから着想を得た、新しい政治体制だった。

3 「南洋」との出会い

太平洋委任統治諸島

日中戦争下の「東亜新秩序」外交は、「南洋」へと拡大する。「南洋」とは太平洋の委任統治諸島と東南アジア地域のことである。

太平洋委任統治諸島に国民の注目が集まった直接のきっかけは、国際連盟脱退問題だった。欧州大戦の結果、ドイツが領有していた太平洋諸島は日本の委任統治領となった。日本海軍にとって、太平洋諸島はもっとも重要な戦略的拠点だった。日本が国際連盟から脱退するようなことになれば、委任統治権を失うことになる。海軍の危機感は強かった。「南洋委任統治地域は帝国に取り絶対重要にして満蒙が陸正面に於ける生命線なるが如く南洋諸島は海正面の生命線である。帝国の死命を賭するも之を手放すことは絶対に出来ない」。海軍は「海正面の生命線」の危機を国民世論に訴えた。

国民世論の側も呼応して、いくつものパンフレット類が刊行される。たとえばあるパンフレット（『国際聯盟と我南洋の委任統治地』）の副題は「脱退論は我国防を危うす」と言う。「南洋の委任地は、南方に対する我が国防線であり、我が国を護る為めの生存線である、日本は此の国家生存線を失ってはならない」。そうだからこそ日本は「常に国際法を確守し、之れを以て世界に認められたる文明国たるを自覚すること、国民として必要の事である」。太平洋の軍事安全保障を確保するために国際連盟脱退に反対する。「南洋」はこの観点から脚光を浴びるようになった。「南洋」とはどのような地域なのか。さまざまなレベルでのフィールドワークが活発化する。以下では二つの事例を挙げる。

正当化する矢内原忠雄

一つは植民政策学者の矢内原（忠雄）東京帝大経済学部教授の場合である。矢内原は一九三三（昭和八）年（七月三日発九月一六日帰国）と一九三四（昭和九）年（六月二四日発七月三一日帰国）に太平洋諸島を訪れる。

矢内原はおおむね好印象を得る。たとえばヤップ島で一五歳前後から二五歳前後の青年約四〇人に向かって、矢内原は繰り返し問いかけた。「郵便局に貯金して居る者は？——挙手四、五人」。「日本貨幣で物を買った事のある者？——殆んど全部挙手」。「私の今言ったことのわかった人は手を上げてください。——挙手八人。（日本語理解の程度を見よ）」。矢内原は近代的な貨幣経済の成立と日本語能力を確認した。
これらの現地調査を踏まえて、矢内原は翌一九三五（昭和一〇）年に『南洋群島の研究』を刊行する。同書の特徴は、スペインあるいはドイツ統治との比較をとおして、日本の委任統治に対して肯定的で楽観的な評価を与えていることである。

1「島民に対する人種的蔑視の感情及び態度の少きこと」。

矢内原によれば、現地の日本人官吏の「島民に対する言辞態度の懇切なるは驚くべきものがあった」という。「夫役工事に於ても日本時代の労働は独逸時代に比して寛大であるとは、屢々島民自身より聞きし証言である」。

2「官庁第一主義」。

矢内原は言う。「南洋群島の如く原住島民の文化程度低くして彼等自身の内部より何等の改善を期し得ざる状態に於ては、官庁的統治の効果は一層大と言わねばならない」。

フィールドワークをおこなった植民政策学者、矢内原忠雄

３「経済的富源の開発」。

太平洋諸島にはすでに三万人の日本人が移住している。これは現地の日本人がいかに「経済的利用を増進する必要と能力を有するかを証明する」。

４「島民生活の近代化」の「進捗」。

日本の委任統治は「功利主義的見地」からではなく、「文明の神聖なる使命」という「語をば文字通り正直に受取ることによりてのみ、根本的に基礎付けられるものである」。

矢内原は日本の委任統治の正当化をためらわない。現地の近代化は日本の開明的な植民地統治を受け入れることができる程度には進んでいる。「仮りに日本に代うるに如何なる国家を以てするも、それが現実国家である限り、恐らく純粋に原住者保護を唯一若くは最主要の目的として植民地統治を実行し得るものは無いであろう」。委任統治の理念の下、受任国としての義務を果たす。矢内原は日本の委任統治を前提として、経済開発による「南洋」の近代化の促進をめざした。

丸山義二が感じた対日感情

現地を訪れたのは専門家だけでなく、文学者もそうだった。当時「農民文学懇話会」という文学者の組織（会員約八〇人）があった。会長は近衛文麿の側近で近衛内閣の農相を務めた有馬頼《より》寧《やす》である。そのなかの一人、丸山義二が南洋群島文化協会の招きによる文化使節団に参加する。一行は一九四〇（昭和一五）年二月から約一か月間、「南洋」（サイパン・テニアン・ヤップ・パラオ）を訪れた。

最初の訪問先サイパンで出会ったのは現地の近代的な生活だった。「住いも欧風の瀟洒な家だし、寝台にも寝る。ピアノも備えているし、ヴァイオリンを弾くのもいる」。驚いたのは「私たちを正真正銘の日本人にしてくれという要望」だった。

ところがこれは演出だったことがわかる。「私たちのためにピアノを叩き、いい音楽をきかせてくれたお下げ髪、セイラア服の少女は、てっきりこの家の娘さんだろうと思っていたところ、その少女もまた、わざわざ来てもらった公学校の女教師であった！」。丸山は「ただひとり何となく寂しかった」。

「耳をふさぎたいような気」になったこともあった。学校を訪問した時のことである。「歓迎の辞」を述べる児童が日本の標準語で「東京のお客さま」と言い出した。「卑屈な言葉を不用意につかわせている」。丸山に疑いの気持ちが広がる。差別感情、蔑視感があることを知る。現地で日本人は島民を呼び捨てにする。「まるで自分の使用人か何ぞのように追いつかっている」。「私の胸は鉛をのまされたように重かった。かれらにこの屈辱をあたえているものは何か」。丸山は反省する。「かれらの風俗や習慣を『ものめずらしげ』に見物してまわる自分たちの心への反省である」。

文学者の鋭敏な感性は、現地の屈折した対日感情を見逃さなかった。差別感情、蔑視感に対する自己批判もある。それにもかかわらず丸山は記す。「私たちの日本は新東亜建設の大事業のために戦っている。この聖戦完遂のため、そのためにこそ一層、南洋における資源の獲得ということが重大な問題になってくるのである」。「南洋」は日本にとって南の楽園ではなくなっていく。

以上の矢内原と丸山の二つの事例のほかに、さらに二つの「南洋」旅行記を取り上げて、「南洋」体験の広がりを示す。

二つの「南洋」旅行記

一つは古田中《こたなか》正彦『南洋紀行　南十字星』である。一九三四（昭和九）年刊行のこの旅行記は、詩人の北原白秋の序文がついている。白秋は、この旅行記が北半球の日本人に「海洋・山嶽・樹林・人間・鳥獣・魚介」に彩られる「南十字曼陀羅」を伝えるものだと紹介する。南十字星の島への憧れと自国への郷愁の旅行はどのようなものだったのか。

いくつもの「南洋」の島を訪れたなかで、とくに印象深かったのはシンガポールだった。「自由な新嘉坡。……世界の幾十の人種を容れて、何等の障碍が無い。印度人、支那人、西洋人、日本、白黒黄の各種が、渾然として一つになって居る。人種の公園だ」。

しかし下船する時に、この島の貧困を目撃する。乗船客が投げる銀貨を求めて、海に潜る現地の住民がいた。

この旅行者を出迎えたのは三井物産の駐在員である。「南洋」には日本の商社が進出していた。近代化がもっとも進んでいる島は、この旅行者のみるところ、ジャワ島だった。ジャワ島のバタヴィアは「東京だ。道路が立派で、丈高い並木が快い」。そう記している。その近代的な都市のバタヴィアで奇怪な光景に出くわす。博物館が展覧会を開いていた。それはオランダ領の「南洋」諸島の人々を集めた、「人間の展覧会」だった。「其地方の産物を造らせたり、織らせたりしては居るものの結局、人間を観せて居る」。この旅行者は生理的な嫌悪感とむき出しの差別意識を記す。「脚に金の足輪を、はめてる為めに足の発達を妨げて、気味の悪い細い足の女も居る。黒人の種々相、総じて快感は与えない。地図を開いて文化の無いのも無理はないと思う。人間ではあるが人には遠い」。

他方でこの旅行者は「有色人全部がもっと日本と仲善くしたら良かろう」と言う。同船したマニラの法科大学の教授夫人が日本人に似ていたからである。ここでは「有色人」とは日本や中国などの東アジアから東南アジア地域までの人種のことを指している。「南洋」の有色人種は「人間ではあるが人には遠い」からである。

この旅行者の視点は植民地統治の側にある。ジャワ島が近代的なのはオランダの植民地統治が「成功」したからだった。「南洋」のオランダ人は「其の土地に永住の心を持って其の日其の日を楽しく暮して行く、あの心懸けが他国と違って居る」。日本の「南洋」委任統治もそうあるべきだ。言外の意味は明らかだった。

もう一つの旅行記、能仲文夫『南洋紀行　赤道を背にして』（一九三四〈昭和九〉年）は、刊行の前年に「南洋」群島を旅行した際の記録である。古賀政男作曲の歌「憧れの南洋」を自ら作詞した著者の思い入れは、情緒的でありながら、その実、経済的な関心があふれていた。

旅行のきっかけとなったのは、国際連盟脱退にともなう「南洋」委任統治をめぐる危機感の高揚である。自序は言う。「陸の生命線満蒙の姿は一般国民の間には殆ど知られているが、これに引きかえ、同じ意味を持つ処の海の生命線南洋群島の姿は一向に知られていない」。そうは言っても、著者の関心は経済である。「群島は国防的にも重大ではあるが産業経済的にも重要価値があることを忘れてはならない」。

経済的な関心を一貫して持ち続けるこの紀行文は、差別や偏見を部分的に修正する可能性があった。一例を挙げる。ニューギニアについてである。著者によれば当時のニューギニアは「至る処食人種が住み、毒蛇が充満し、強烈なマラリヤその他熱帯特有の悪病が発生し到底文明人は入地し得ざる」「世界人から暗黒の島として葬り去られ」ていた。

しかし著者のみるところ、「実際にニューギニアの一部でも知られる者にとってはいささかこの言葉は当て嵌らない」。著者はニューギニアを「産業的に観」る。するとそこには「大部分は肥沃な土地ばかりで、殊に北海岸には豊沃平坦な原野が見渡す限り続き、その背後には起伏緩やかな一大高原地帯をなしている」のを発見する。「この高原地帯は春夏秋冬何時も変らず日本内地の初秋の気候で凌ぎよい……人間生存には実にあつらえ向き」だった。

著者はあらためて注意を喚起する。「遺憾なことには南洋群島の海の生命線は、軍事的方面からのみ論じられて、国民はこれ以上に持つ産業経済的重要性に就ては全く忘れている」。著者は日本が「産業経済的に熱帯に進出」することを勧める。このように日本の経済外交の関心は「南洋」群島にまで拡大していく。

企画院直属の東亜研究所

もう一つの「南洋」、東南アジア地域に対する国民の関心に応えたのは、東亜研究所だった。東亜研究所は企画院（一九三七〈昭和一二〉年一〇月設立の戦時統制経済を主導する中央官庁）直属の財団法人として、一九三八（昭和一三）年九月に設置される。総裁は近衛首相だった。東亜研究所は昭和研究会や東亜同文書院と関連があった。発足時のメンバーの一部は、昭和研究会のブレーンの一人、尾崎秀実が周旋に当たっている。あるいは東亜同文書院の教授陣からも参加する者がいた。

のべ一〇〇〇人が協力した一大国策機関、東亜研究所の調査対象地域は広く、研究のアプローチも多角的だった。対象地域は「満洲」「支那」に始まり、「蒙古」「極東露領、北太平洋」「南洋」「印度（ビルマを含む）」、さらに「濠洲、ニュージーランド及附近島嶼」「西亜細亜地方」である。調査研究体制はどこまでも実用的だった。自然科学班や統計班、翻訳班を擁する東亜研究所は、総合的な地域研究の一大プロジェクトを推進する（原覺天『現代アジア研究成立史論』）。

この巨大調査組織は五部構成である。第四部を率いる原（敢二郎）部長はユニークな存在だった。海軍中将で退役した原は、「ヒットラーが大嫌いで、三国同盟の締結には公然と反対を唱えた」。原はヒトラーの『我が闘争』の全訳を命じた。ヒトラーの対日蔑視が含まれる『我が闘争』を正確に分析する意図からだった。

組織の構成に関して、もう一つ注目すべきは第五部の三班が「回教班」だったことである。イスラム教徒は中東地域だけでなく、東南アジア地域に集中している。当時すでにこのことがわかっていた（臼杵陽『大川周明』）。「南洋」を知るとはイスラム教を知ることだった。「南洋」とイスラム教が結びつく。大日本回教協会のパンフレットは「南洋」の人口の六割がイスラム教徒であることに注意を喚起しながら、イスラム教に対する理解をとおして、「南洋」の人々の「思想、感情、趣味、嗜好」を理解するように、国民に求める。パンフレットは苦言を呈する。「吾々が常に遺憾に思って居ることは、留学生その他の在留外国人青年でスポイルしたものの中には、日本人がスポイルさしたものが尠くないことである」。理解だけでなく、反省も求める。「彼等は野蛮人でもなく、未開人でもない。邦人の旅行者などは猶お未だ彼等を未開野蛮の民なるかにいうが、それは吾々日本人を対照としての観察であって、彼等の進化程度を語るものではない」。

現地調査や統計資料に基づく東亜研究所の報告書は、客観的で信頼度が高かった。これには原部長の「私見あるいは政治的見解を書いてはいけない」との指示があったからでもあった。

「南進」へと傾けた役割

客観的な分析は東亜研究所に限らなかった。「大川塾」の母体、東亜経済調査局もそうである。東亜経済調査局は、一九三七（昭和一二）年から三九（昭和一四）年にかけて、『南洋叢書』全五巻を刊行する。これらは「蘭領東印度」「仏領印度支那」「英領マレー」「シャム」「フィリピン」の地域別に構成される。いずれも専門調査員によるこれらの概説書は、主観を排した、百科事典の趣である（原『現代アジア研究成立史論』）。

それでもこれらの調査研究機関の対象地域は、国策とともに推移する。たとえば東亜研究所の場合、最初は中国を重点的に扱った。その後、日本の「南進」につれて、対象地域が「南洋」へと拡大した。「南進」か「北進」か。軍事戦略判断を「南進」へと傾けるうえで、東亜研究所は事実上、政治的な役割を果たす。「南進」は尾崎のような日ソ戦争を望まない立場からも好都合だった。「南進」すれば、対英米戦争が不可避となる。そうなれば日本は敗れる。尾崎は見抜いていた。日本は「南進」によって、対英米戦争の方向へ近づいていく。

対「南洋」経済的アプローチ

一九三〇年代の日本において、国民は軍事的なきっかけから「南洋」に対する関心を抱くようになった。「南の生命線」の守り方は「北の生命線」とは異なる。太平洋諸島は委任統治領である。委任統治を植民地統治と同じようにするわけにはいかなかった。矢内原は委任統治制度の三大義務の一つとして、「南洋群島をば軍事的目的に利用せざること」を挙げている。矢内原は政府に「南洋群島の経済的開発に努力する」ように求めた。

太平洋諸島だけでなく、東南アジア地域でも事情は同様だった。すでに大半が欧米の植民地になっている東南アジア地域を実力によって収奪することはできなかった。「南進」といっても、それはせいぜいのところ、通商貿易関係による資源開発の域に止まる。たとえば陸軍のパンフレット『南洋事情』(一九三四〈昭和九〉年刊)は「国防上よりするも、皇国の経済的発展を期する為めにも、南洋を閑却してはならぬ」と国民世論を啓発する。ところがその具体的な内容は、市場としての「南洋」の紹介だった。このパンフレットのつぎの一節は、自由貿易の相互主義による対「南洋」経済進出を示唆していると解釈できる。「昨今の如く、ブロック経済の世智辛い世の中となっては、甚しい片貿易は永続性が少ないと申さねばなるまい。此点は我国に於ても大いに考慮を要する所である」。

バタヴィアに派遣された小林一三商相

以上のような対「南洋」経済アプローチは、欧州情勢の変動をきっかけとして、大きく転換していく。一九三九(昭和一四)年九月の第二次欧州大戦の勃発直後、ドイツの電撃戦は、オランダ、フランスの敗北をもたらす。東南アジアの植民地に力の真空状態が生まれる。武力「南進」論が勢いづく。このような国際情勢の急転のなかで、一九四〇(昭和一五)年九月から日本＝オランダ領インドシナ会商が始まる。

バタヴィアへ出発する小林一三商相

近衛内閣は小林（一三）商相をバタヴィアに派遣する。日本側の目的ははっきりしていた。重要軍需物資の確保である。しかしそれはあくまでも通商交渉によってだった。阪急電鉄の経営多角化戦略の成功で名高い小林は、自由主義経済の立場から交渉に臨んだ。交渉の一方で、国内世論の啓発に努める小林は、「日本の財界人、実業人の蘭印に対する認識不足或は無理解」を批判する。小林はこの地の「文明の進んでいるさまに驚かされた」。ジャワ島だけでも鉄道の総延長は日本と大差なかった。「列車の立派さは、その快速といい、乗心地といい、設備の行き届いている点など、わが東海道線の列車でも遠く及ばない」。アスファルト舗装の道路網も素晴らしかった。

それなのに「日本の財界人が蘭印という

ものを、依然として未開野蛮な土人の国であると思っているようなことでは、到底日本の経済南進はおろか東亜広域経済の確保などいうものは望まるべくもないことはもちろんで、何はさて措いても蘭印の現状というものを知るのが急務である」。

小林のみるところ、蘭印で日本の貿易が振るわないのは、自業自得だった。小林は言う。「どうせ南洋土人相手に売る品物だ、安かろう悪かろうということになって、在住邦人商業者の信用を失墜せしめ、それが結局日本の貿易に悪影響を及ぼす、そういう実例をいくらも見聞する」。小林は「経済南進」の立場から経済界の奮起を促した。

国内の無理解・認識不足を抱えながら交渉を続ける小林に国際的な衝撃が襲う。九月二七日の日独伊三国同盟の成立である。ドイツと戦っていたオランダは態度を硬化させた。これでは間接的な武力を背景とする「南進」と変わるところがなかった。三国同盟は小林の「経済南進」論を台無しにする。政府は一一月末、小林を召還する。「経済南進」から武力「南進」へ、日本の外交戦略は転換を始める。

「大東亜共栄圏」の虚構を指摘する

ファシズム国と同盟を結び、武力「南進」する。政府はその目的として「大東亜共栄圏」の確立を掲げた。

政府の「大東亜共栄圏」外交をもっとも強く批判したのが蠟山政道である。蠟山は「南洋」の位置づけに関連して、「大東亜共栄圏」の虚構を指摘する。「大東亜共栄圏」の「障碍は南太平洋島嶼地域、すなわち蘭印を中心とする所謂南洋の地位である。この島嶼群の位置は、印度洋と太平洋と云う二大海洋並に支那と印度と云う二大大陸との中間又は通路に介在し、その地政学的に見た地域的秩序としては、僅かに第二地域たる大陸的半島地域に属する仏印・マレー等との相互関係は可成りに発達しているけれども、第一地域たる日・満・支の東方地域とは若干の経済的海洋交通的関係あるのみであって、未だこれらを含めての統一的地域秩序は存在していない」。蠟山は断言する。「かように地政学の静的地盤たる自然的・交通的・経済的並に政治的地理学上の考察からすれば大東亜共栄圏の確立なることは不可能を求むる外交術策と断ぜねばならぬ」。

蠟山が求めたのは、ファシズム国家とは切り離されて、自立する「東亜」の新秩序だった。「盟邦独逸に於ては、欧州に対して一定のイデーがあり、企画があるかも知れないが、それを直ちに東亜に持ち来すことは出来ない。東亜地域に対しては日本が指導的地位に立って創造し、構造し、具体化して行かねばならぬ」。

日米関係の危機が高まっていた。蠟山はその原因を「大東亜共栄圏」に求める。「日本の東亜新秩序建設が三国同盟の締結以来、南方政策をも含めた大東亜共栄圏の建設へと発展し、欧州に於ける独伊の行動と相俟って、世界新秩序の建設へと展開するに至ったことに原因がある」。そうだからこそ、ファシズム国とは一線を画して、「東亜」の創出に傾注しながら、日米関係を調整する。これが蠟山の対案だった。

日独伊三国同盟と日米戦争の接近

しかし蠟山の批判は昭和研究会のなかでも少数意見になっていた。メンバーの多くは独伊の破竹の勢いに眩惑された。欧州情勢を活かして日中戦争の解決をめざす。流れは変わった。昭和研究会の議論を主導したのは矢部貞治である。矢部の建策が昭和研究会（外交委員会）の基本的な見解となる。矢部はその要点を日記に記す。「東亜自立宣言と、援蔣禁絶要求（英仏）と、日本の生活権必要の宣言（米）とをなし、仏印には、武力管理の方策を取り、滇越鉄道を以て、ビルマ・ルートを遮断する。これで発言権を獲得。蘭印については、右の生活権宣言に基き、米国がエムバルゴーをやれば積極的に出るし、米国が英国側に参戦しても同様の処置に出る」。

矢部の示す方向へ日本は進む。一九四〇（昭和一五）年六月二四日、日本政府はイギリス側にビルマ・ルートの閉鎖（ビルマ経由の中国に対する武器輸送停止）を要求する。九月二三日、北部仏印へ日本軍が進駐する。三国同盟の締結はその四日後のことだった。

日本の武力「南進」と三国同盟に対して、アメリカは経済制裁の段階的な実施によって対抗する。アメリカの反応は矢部の想定の範囲内だった。想定外だったのは三国同盟の方である。矢部の期待にもかかわらず、成立した三国同盟は、対米抑止の効果がなかった。矢部は翌一九四一（昭和一六）年一月三日、近衛と「三国同盟の予想外れなど論じ、独伊と心中主義はいかぬのであくまで日本独自でなければならぬこと、日米戦争は極力避けねばならぬと論じ」た。三国同盟は同床異夢だった。独伊は頼りにならなかった。欧州の枢軸国はアジア太平洋地域において日本に対英開戦を求めながらも、自国の対米開戦は回避に努めたからである。

近衛内閣は独伊との「心中主義」から離れる。三国同盟の空文化に努める。近衛はこの年の三国同盟の記念式典に意図的に欠席する。国内外に三国同盟のトーンダウンを伝えるためだった。他方で日中戦争を「日本独自」で解決するために、七月末に南部仏印に武力進駐する。その目的は援蔣ルート遮断によって、中国を和平に向かわせることだった。同時に「日米戦争は極力避けねばならぬ」以上、日米二国間での国交調整をおこなう必要があった。

日本側の三国同盟路線からの軌道修正にもかかわらず、アメリカは外交関係の調整に応じなかった。アメリカの経済制裁は、在米日本資産の凍結措置から石油輸出の全面禁止（八月一日）に至る。

近衛は考えた。「英米と協調して、仏印、蘭印、泰等の物資を活用することは何等大東亜共栄圏と矛盾するものではない」。近衛は矢部に意見を求めた。「一時協調することも必要。但しそれは本質的に新秩序が英米との協調を認めているからではなく、遺憾乍ら一歩退くという意味に他ならず、将来を期する意味だ」。

「遺憾乍ら一歩退」いたのは近衛の方だった。一〇月一六日、近衛内閣は総辞職する。日米開戦が目前に迫っていた。

日中戦争は、日本人の優越感を助長し、中国に対する蔑視感情や差別意識を強めたはずである。事実、首都南京の陥落前後まではそうだった。

しかし戦争は終わらなかった。戦争の長期化は対中国認識の底辺の拡大をもたらす。最初は戦争景気に付け込んで、中国でひと儲けするための中国語の学習ブームだった。つぎに政府が日中戦争の目的を再定義する。国民は中国の歴史・地理・政治・経済・社会の諸分野への関心を抱くようになる。日本は日中戦争を奇貨として、対中認識を深める。

日中戦争の長期化は他方で「南進」を促す。「南進」は国民に「南洋」への関心を呼び起こす。戦争の南方への拡大は、外交空間と対外認識の拡大でもあった。戦争が起こらなければ、中国や「南洋」への関心は乏しく、認識も不十分なままだっただろう。戦争は対外侵略の一方で、日本の国際理解を深化させたのである。

おわりに

南方戦線の現実

日米開戦の日の早朝、大川周明は大川塾の所長室にいた。大川は読んでいた電報を塾生にストーブで焼き捨てるように命じた。電報は対米工作計画の消滅を告げていた。大川は九月一六日の書簡に記している。「例の対米工作千辛万苦を忍び、漸く目鼻つき始め候間、どうぞ御喜び被下度候。十月中か遅くも十一月中には、天下を驚倒せしめ得べしと信じ申候」。大川の関わった日米外交関係の調整は失敗に終わった。塾生たちの「汎太平洋通商航海株式会社」の夢は破れた。

慨嘆した大川は事の重大さを警告する。「味方たるべき支那と戦い乍ら、同時にアジアの強敵たる米英と戦う羽目になっている。それは実に言語を絶する大業である」。

大川は「せめて十年早くこの仕事を始めたかった」と述懐した。大川塾の第一期生が卒業したのは、ようやく一九四〇（昭和一五）年四月のことだった。日米開戦時には第二期生を送り出したにすぎない。

少数ではあっても彼らの活動は多彩だった。第一期生二〇人のなかのある者は、小林商相の使節団の随員として、日蘭印会商に関わる。別の者は特務機関の所属となった。その他の多くの者は東南アジアの大使館や南方派遣軍の通訳を務めた。ビルマ独立義勇軍に参加した者もいる。のちの卒業生にはインド国民軍に加わった者がいた。

東亜同文書院の学生たちも同様である。繰り上げ卒業によって学徒出陣する。それでも在学中は研鑽を続けた。一九四三（昭和一八）年の段階でも現地調査がおこなわれている。約三週間にわたる華中地区の調査は、政治・経済・文化の各部門にわたる広範なものだった。彼らは日米戦争になればどうなるかわかっていた。「日支事変は長く、大東亜戦争は短い」。そう予測した。日本では検閲を受ける書籍や映画も上海ならば不自由はなかった。多くの情報は一つのことをさし示していた。

学徒兵としての彼らの多くは中国各地に配置された。「右翼」あるいは「スパイ養成所」出身と誤解された彼らの立場は両面価値的だった。「書院生の立場よりして陸軍の対華政策を批判しつつ矛盾に悩みながらも、夫々の眼で中国農村を視、農民の生活を観察し、書院にて学びし語学と中国知識も活きたるものとなって身についた」。

彼らは過酷な現実に直面する。上海の租界は日本軍が接収した。映画館では東条首相がスクリーンに顔を出すようになった。東条は上海市民の物笑いの種だった。上海市民は東条が出るたびに「ゲラゲラと笑い出」した。日本の傀儡政権＝汪兆銘の南京政府の祭日には旗一つ出さない市民が蔣介石政府の祭日にはこぞって旗を掲げた。東亜同文書院の学生たちは「人種も歴史も悉く異なる他民族に、木に竹をつぐ様に一つのものを無理矢理に受けとらせようとする事がいかに困難な事であるか」を思い知らされた。

南方戦線でも大川塾の卒業生たちが同様の困難に遭遇していた。開戦直後、日本軍はタイを通過して英領ビルマへ侵攻する。大川塾タイ語班一期生の一人は通訳官として、タイ側を説得した。「日本軍の泰国通過はビルマの英国軍と戦う為で、ピブン首相の承認を得ている。泰国の人達には絶対に迷惑をかけない」。

しかし約束は守られなかった。日本軍の上陸から一夜明けると、領事館に現地の人々が押しかけた。「何を盗られた」「何をこわされた」「暴行された」「何とかしてくれ」。大川塾出身の通訳官のみるところ、「彼等の訴えにいつわりはなかった。私自身、私の持物をリヤカーに積んで通り過ぎる数名の兵を見付けた。とがめると衆を頼んでか、上目づかいに睨んで行ってしまった」。モラルは初めから崩壊していた。「大東亜共栄圏」は虚構だった。

敗戦の合理化を図った「大東亜宣言」

日本軍の東南アジア侵攻にともなって、植民地の人々が民族自立に立ち上がった。一九四三（昭和一八）年一〇月二一日、自由インド仮政府が成立する。翌一一月五日から日本は「大東亜会議」を開催する。出席したのは日・満・汪兆銘政権・フィリピン・ビルマ・タイの六か国とオ

大東亜会議に出席のため訪日したチャンドラ・ボース（中）

ブザーバーとして自由インド仮政府のチャンドラ・ボース主席だった。

大川周明は「亜細亜の全ての国々に、自由の旗が翻るべき時が来た」と自由インド仮政府の成立を歓迎した。ボースは一一月一四日に日比谷公会堂で講演をする。大川も聴講に出かけた。満座の会場でボースは九〇分の講演をおこなった。ところが大川の日記によれば、「気焔思いしより上がらず、何となく寂しそうなり。予は簡単に激励の辞を述べて退場」した。日本とインドとの間にすきま風が吹いていていた。

他方で南方戦線は急速に悪化していた。「転進」が始まる。ビルマ戦線での「転進」はつぎのような有様だった。「将軍は『我ら兵』は見たこともない飛行機で退却一番乗り、将校は黙して語らず自動車でいずこへか。一ッ星初年兵は一夜明けたら、空に群がるロッキード、街道に轟く重戦車の列に囲まれていた」。大川塾第一期生二〇名中五名が戦死する。

日本が「大東亜会議」を開催した時、戦局の行方はすでに明らかになりつつあった。前年六月のミッドウェー海戦の敗北、この年二月ガダルカナル島の敗退、五月アッツ島守備隊の「玉砕」と続く。

一方的な戦局の悪化のなかで開催された「大東亜会議」は、その理念とは裏腹な交渉をおこなっていた。アジアの軍事的な独立運動が欧米に打撃を与える範囲内では支援する。しかし日本の南方戦略を縛るような民族独立は避けようとする。このような日本の立場は「大東亜会議」におけるインドの独立支援策に引きつけて考えると、つぎの指摘が言い当てている。「その英米批判の激しさと民族解放への固執にかかわらず、軍事作戦に従属する『謀略』の範囲にとどまるものであった」（波多野澄雄『太平洋戦争とアジア外交』）。

ボースと大川の間になぜ気まずい空気が漂っていたのか。ボースはアンダマン、ニコバル諸島に対するインド仮政府の領土権を主張する。しかし日本側には海軍の重要な戦略的拠点を手放す気はない。対するインド側は大川塾の卒業生も動員された対印工作機関（光機関）の廃止を求めた。日本側はこの件だけでなく、インド側が求めてやまないインド進攻作戦の早急な実施にも消極的だった。

「大東亜会議」は「大東亜宣言」を採択する。この宣言文の作成に関して、大東亜省・海軍の嘱託として関与した矢部貞治の議論は、かつての輝きを失って、日本の軍事的な主導権を正当化するだけになっていた。矢部は記す。「先ず凡ての第一義が日本の戦力を増強し、日本の戦争遂行に全力を捧げることにあるべきが当然であって、例えば政治の独立とか主権の尊重とか等を公式的に絶対化して固執することは許されないのである」。

それでも「大東亜宣言」は理念を掲げた。「大東亜各国は万邦と交誼を篤くし、人種的差別を撤廃し、普く文化を交流し、進んで資源を開放する」。この文言の背景には、日本政府内での外務省の巻き返しがあった。戦況の現実を直視した外務省は、「大東亜宣言」に米英に向けて戦争終結の基礎的条件を提示するねらいがあった。大西洋憲章（一九四一年八月一四日の米英共同宣言）を意識しながら、外務省は「大東亜宣言」を起草する。大西洋憲章は民族自決、自由貿易、経済協力等の理念を掲げていた。「大東亜宣言」を大西洋憲章と類似したものにする。そうすればたとえ戦争に負けても、戦争目的は達成できる。外務省は「大東亜宣言」によって、敗戦の合理化を図った。

そして、戦後構想へ

敗戦の接近は戦後構想を促す。たとえば東亜研究所である。東亜研究所特別第一調査委員会は、一九四二（昭和一七）年七月の段階で、すでに戦後の世界新秩序構想をまとめていた。

同委員会の報告書は、「ナチズムやコンミニズムや民主主義の抗争」のように見える第二次世界大戦を世界の長期的な構造変動のなかに位置づけるべく試みる。「産業革命の二十世紀的進展」

によって、「人類の物的生活は豊富にされたが原料の獲得、市場の獲保《ママ》、人口問題などが有史以来なきまでの真剣さを帯びて来た。そして経済単位の拡大、世界の再分割などが当然に要求せられる様になった」。

ここを議論の出発とする時、枢軸国と民主主義国との間に、新秩序構想をめぐって一致点を見出すことができる。なぜならばどちらの陣営も、原料や市場、関税障壁、為替・通貨政策などの国家統制による国際的な経済資源の再分配が必要だったからである。両陣営のちがいは手段のちがいにすぎなくなる。前者はドイツのための経済帝国の建設によって、後者は「全世界の資源を平等の基礎の上に立って、凡ての人々に解放《ママ》し、又全体として国際社会の為の利得たる様に、それ等の資源を分配」する。同報告書がどちらの実現可能性を高く評価しているかは明らかだった。

日本は米英側に降伏することによって、戦後の国家再建をめざすようになる。事実、日本は米英が署名したポツダム宣言を受諾して降伏する。

敗戦によって、日本は国際認識のための知的基盤をすべて失う。満鉄の解体にともなって、大川塾は解散する。所長の大川は戦犯容疑者として逮捕される。東亜同文書院も廃校となる。東亜研究所も同様である。

それでも失われたのは物理的な基盤であって、人的な基盤は存続するようになる。外地から引き揚げてきた彼らは、戦後、母国において、政・財・官の各界で活躍する。彼らが戦後日本の再建にどのような役割を果たしたかは別に論じなくてはならない。ここでは戦前と戦後の連続性は、国際認識に関してもあったことを示唆するにとどめておきたい。

一九三〇年代の日本の外交空間を探索する。この時間旅行から戻ってきた私たちは、現在に活かすどのような教訓を得たのか。三点、例示することによって、結びとする。

第一は開放的な国際地域主義である。自民党の一党優位体制下の対米協調路線は、二〇〇九年の政権交代によって、「東アジア共同体」路線へと転換した。ところが民主党内での首相の交代後、この路線は後景に退く。日本外交は「日米同盟の深化」に回帰する。これにともなって、TPP（環太平洋戦略的経済連携協定）推進派が勢いを増す。自由貿易対保護貿易の政策対立が顕在化する。

一九三〇年代の日本は問題を原理的に考えた。問題は経済的な自由主義（自由貿易）＝グローバリズムか自給自足圏（保護貿易）＝リージョナリズムの二者択一ではなかった。今日でも同様に、問題は「第三の開国」対「新鎖国論」の対立ではない。一九三〇年代と共通する今の日本外交の課題は、両者の均衡において政策を構想し具体的に展開することである。別の言い方をすれば、日本外交が開放的な国際地域主義をめざす時、一九三〇年代の歴史の教訓を活かすことができる。

第二は国際標準の日本政治である。一九三〇年代の日本は、イデオロギーや体制のちがいを超えて、世界が共通に直面した危機を克服するために、新しい国内政治体制を模索した。今の日本も国際標準の国内体制の確立が重要である。

日本は財政再建・福祉・経済成長などで主要な先進国と共通する問題を抱えている。そうである以上、日本も他の先進国と類似した国内政治体制を志向する。

二大政党制の模範国イギリスは、保守と中道の連立内閣である。オバマ大統領の民主党政権は、二〇一〇年の中間選挙の敗北を受けて、保守化しつつある。アメリカの世論調査によれば、アメリカ人のイデオロギーは「保守」対「リベラル」＝二対一の比率であることを示している。EUを支えるドイツが大連立内閣であることはいうまでもない。

このような世界同時性のなかで、日本も「保守」と「リベラル」が連携する政党政治の新しい枠組みを作るべきである。

第三は新しい国家像の創出である。「バブル経済」崩壊後の「失われた二〇年」を経て、日本は内向き志向が強くなっている。日本の経済力が世界第三位へ転落した。日本の衰退は避けがたい。そのように考える社会風潮が広がる。一方では内向き志向を克服し、他方では「現状維持」に抗しながら、日本は成熟した先進民主主義国として、国際社会の安定勢力となるために、新しい国家像を創出しなくてはならない。

一九三〇年代は「ヒト・モノ・カネ」が地球的規模で拡大した。そのような国際ネットワークのなかで、日本は国際認識を深めながら、対外発信を続けた。それにもかかわらず、日本の対外政策が意図とは異なる正反対の結果をもたらしたことは、批判すべきだろう。しかし一九三〇年代を反省的に振り返るとするならば、一九三〇年代の日本が「国際社会のなかでどのような国であるべきか」を繰り返し自問していたことから学ばなくてはならない。

一九三〇年代の歴史は、今の日本が新しい国家像を創出し、国際社会に向けて発信するように促している。

参考文献リスト

※新聞、雑誌からの引用は本文に注記した。

はじめに

安田浩ほか編『シリーズ日本近現代史3　現代社会への転形』（岩波書店、一九九三年）

Ⅰ章

麻田貞雄『両大戦間の日米関係─海軍と政策決定過程』（東京大学出版会、一九九三年）

稲葉正夫ほか編『太平洋戦争への道　開戦外交史《新装版》別巻　資料編』（朝日新聞社、一九八八年）

外務省編纂『日本外交文書　昭和期Ⅰ第一部第五巻』（外務省、一九九五年）

鹿島平和研究所編『日本外交史　18　満州事変』（鹿島研究所出版会、一九七三年）

加藤聖文『満鉄全史─「国策会社」の全貌』（講談社選書メチエ、二〇〇六年）

川島博之『食の歴史と日本人』（東洋経済新報社、二〇一〇年）

木戸日記研究会・日本近代史料研究会編『鈴木貞一氏談話速記録（上）』（日本近代史料研究会、一九七一年）

近代日本研究会編『年報・近代日本研究・11　協調政策の限界─日米関係史・1905～1960年─』（山川出版社、一九八九年）

小池聖一『満州事変と対中国政策』（吉川弘文館、二〇〇三年）
小林龍夫・島田俊彦編・解説『現代史資料7　満洲事変』（みすず書房、一九六四年）
小林龍夫ほか編・解説『現代史資料11　続・満洲事変』（みすず書房、一九六五年）
澁谷由里『馬賊で見る「満洲」─張作霖のあゆんだ道』（講談社選書メチエ、二〇〇四年）
原田熊雄述『西園寺公と政局　第二巻』（岩波書店、一九五〇年）
坂野潤治「『戦後四〇年』と『昭和六〇年』」（『法学セミナー増刊』第二六号、一九八四年）
松岡洋右『動く満蒙』（先進社、一九三一年）
満洲青年聯盟史刊行委員会編『満洲青年聯盟史』（原書房、一九六八年）
山室信一『キメラ─満洲国の肖像　増補版』（中公新書、二〇〇四年）
鹿錫俊『中国国民政府の対日政策─1931－1933』（東京大学出版会、二〇〇一年）

Ⅱ章

伊藤述史『聯盟調査団と前後して』（共立社、一九三二年）
井上寿一『危機のなかの協調外交─日中戦争に至る対外政策の形成と展開』（山川出版社、一九九四年）
臼井勝美『満洲国と国際連盟』（吉川弘文館、一九九五年）
外務省編纂『日本外交文書　満州事変第二巻第二冊』（外務省、一九八〇年）
外務省編纂『日本外交文書　昭和期Ⅱ第二部第二巻』（外務省、一九九七年）
外務省編纂『日本外交文書　昭和期Ⅱ第二部第三巻』（外務省、一九九九年）
外務省編纂『日本外交文書　昭和期Ⅱ第二部第四巻』（外務省、二〇〇四年）
近代日本研究会編『年報・近代日本研究・11　協調政策の限界─日米関係史・1905～1960年』（山川出版社、一九八九年）
幣原平和財団編『幣原喜重郎』（幣原平和財団、一九五五年）
佐藤尚武『回顧八十年』（時事通信社、一九六三年）

篠原初枝『国際連盟—世界平和への夢と挫折』(中公新書、二〇一〇年)
杉村陽太郎『国際外交録』(中央公論社、一九三三年)
東京日日新聞社編『聯盟を脱退したら日本はどうなる?』(東京日日新聞社、大阪毎日新聞社、一九三三年)
ハインリッヒ・シュネー(金森誠也訳)『「満州国」見聞記—リットン調査団同行記』(講談社学術文庫、二〇〇二年)
林忠行『中欧の分裂と統合—マサリクとチェコスロヴァキア建国』(中公新書、一九九三年)
古垣鐵郎『ジュネーヴ特急』(朝日新聞社、一九三三年)
内務省警保局編『外事警察概況　第1巻　昭和10年』(龍溪書舎、一九八〇年)
横山正幸『国際聯盟の将来と日本との関係』(日本外交協会、一九三六年)
蠟山政道『世界の変局と日本の世界政策』(巌松堂書店、一九三八年)
鹿錫俊『中国国民政府の対日政策—1931－1933』(東京大学出版会、二〇〇一年)

Ⅲ章

伊藤隆編『斎藤隆夫日記　下』(中央公論新社、二〇〇九年)
『岡義武著作集　第8巻　付録』(岩波書店、一九九三年)
河合栄治郎『欧洲最近の動向』(日本評論社、一九三四年)
近代日本研究会編『年報・近代日本研究・11　協調政策の限界—日米関係史・1905～1960年—』(山川出版社、一九八九年)
源川真希『近衛新体制の思想と政治—自由主義克服の時代』(有志舎、二〇〇九年)
篠原一・三谷太一郎編『岡義武　ロンドン日記　1936—1937』(岩波書店、一九九七年)
星野辰男編『革新政治下の米国—朝日時局読本第六巻』(朝日新聞社、一九三七年)
松井慎一郎『河合栄治郎—戦闘的自由主義者の真実』(中公新書、二〇〇九年)
矢部貞治『矢部貞治日記　欧米留学時代』(私家版、一九八九年)
蠟山政道『世界の変局と日本の世界政策』(巌松堂書店、一九三八年)

Ⅳ章

石射猪太郎『外交官の一生』（読売新聞社、一九五〇年）
石井修『世界恐慌と日本の「経済外交」―一九三〇―一九三六年』（勁草書房、一九九五年）
井上寿一『危機のなかの協調外交―日中戦争に至る対外政策の形成と展開』（山川出版社、一九九四年）
臼杵陽『大川周明―イスラームと天皇のはざまで』（青土社、二〇一〇年）
外務省編纂『日本外交文書　昭和期Ⅱ第二部第二巻』（外務省、一九九七年）
外務省編纂『日本外交文書　昭和期Ⅱ第二部第三巻』（外務省、一九九九年）
外務省編纂『日本外交文書　昭和期Ⅱ第二部第四巻』（外務省、二〇〇四年）
栗田尚弥『上海　東亜同文書院―日中を架けんとした男たち』（新人物往来社、一九九三年）
澤田壽夫編『澤田節蔵回想録―一外交官の生涯』（有斐閣、一九八五年）
東亜同文書院支那研究部『現代支那講座　第一、二、三、五、六講』（東亜同文書院、一九三九年）
西所正道『「上海東亜同文書院」風雲録―日中共存を追い続けた五〇〇〇人のエリートたち』（角川書店、二〇〇一年）
星野辰男編『国際通商戦―朝日時局読本第八巻』（朝日新聞社、一九三七年）
山本哲朗編『東亜経済調査局附属研究所』（二〇〇七年）
山本哲朗『手記で綴った大川塾』（二〇〇九年）

Ⅴ章

石射猪太郎『外交官の一生』（読売新聞社、一九五〇年）
伊藤隆・劉傑編『石射猪太郎日記』（中央公論社、一九九三年）
井上寿一『危機のなかの協調外交―日中戦争に至る対外政策の形成と展開』（山川出版社、一九九四年）
井上寿一『アジア主義を問いなおす』（ちくま新書、二〇〇六年）

臼杵陽『大川周明　イスラームと天皇のはざまで』（青土社、二〇一〇年）
外務省編纂『日本外交文書　昭和期Ⅱ第二部第二巻』（外務省、一九九七年）
加藤陽子『模索する一九三〇年代―日米関係と陸軍中堅層』（山川出版社、一九九三年）
源川真希『近衛新体制の思想と政治―自由主義克服の時代』（有志舎、二〇〇九年）
能仲文夫著・小菅輝雄編『復刻版　南洋紀行　赤道を背にして』（南洋群島協会、一九九〇年）
古田中正彦『南洋紀行　南十字星』（アトリエ社、一九三四年）
小林一三『小林一三全集　第四巻』（ダイヤモンド社、一九六二年）
酒井三郎『昭和研究会―ある知識人集団の軌跡』（中公文庫、一九九二年）
大日本回教協会『我が南洋貿易と回教徒』（大日本回教協会、一九三九年）
柘植秀臣『東亜研究所と私―戦中知識人の証言』（勁草書房、一九七九年）
角田順編・解説『現代史資料10　日中戦争3』（みすず書房、一九六三年）
角田順編・解説『現代史資料10　日中戦争3』付録「現代史資料月報」（みすず書房、一九六四年）
内務省警保局編『外事警察概況　第3巻　昭和12年』（龍溪書舎、一九八〇年）
内務省警保局編『外事警察概況　第5巻　昭和14年』（龍溪書舎、一九八〇年）
中山優『中山優選集』（中山優選集刊行委員会、一九七二年）
蜷川新『国際聯盟と我南洋の委任統治地』（自衛社、一九三二年）
原覺天『現代アジア研究成立史論―満鉄調査部・東亜研究所・ＩＰＲの研究』（勁草書房、一九八四年）
細谷千博編『日米関係通史』（東京大学出版会、一九九五年）
丸山義二『南洋紀行』（興亜日本社、一九四〇年）
三輪公忠編『再考太平洋戦争前夜―日本の一九三〇年代論として』（創世記選書、一九八一年）
安田浩ほか編『シリーズ日本近現代史3　現代社会への転形』（岩波書店、一九九三年）
矢内原忠雄『南洋群島の研究』（岩波書店、一九三五年）

矢部貞治『政治学講義要旨』（一九三七年）
矢部貞治『矢部貞治日記　銀杏の巻』（読売新聞社、一九七四年）
陸軍省軍事調査部『南洋事情』（一九三四年）
蠟山政道『世界の変局と日本の世界政策』（巌松堂書店、一九三八年）
蠟山政道『東亜と世界』（改造社、一九四一年）

おわりに

酒井哲哉『近代日本の国際秩序論』（岩波書店、二〇〇七年）
東亜研究所特別第一調査委員会編『英国の企図する世界新秩序』（東亜研究所、一九四三年）
波多野澄雄『太平洋戦争とアジア外交』（東京大学出版会、一九九六年）
山本哲朗編『東亜経済調査局附属研究所』（二〇〇七年）
山本哲朗『手記で綴った大川塾』（二〇〇九年）
渡辺靖『アメリカン・デモクラシーの逆説』（岩波書店、二〇一〇年）

あとがき

本書は、単著として完結しているものの、自称「昭和史三部作」の第二部である。出版社やシリーズ名を異にしながらも、この三部作は、戦前昭和の社会（第一部）・対外関係（第二部）・政治（第三部）によって構成されている。第一部は『戦前昭和の社会　1926-1945』（講談社現代新書、二〇一一年）として刊行した。第二部の本書に続く第三部は、講談社選書メチエの一冊として刊行されるはずである。

「昭和史三部作」といっても、初めから計画してのことではない。偶然の産物である。第一部のあとがきに記したように、二〇〇九年の一一月に日本経済新聞において、連載記事を書いていた。「やさしい経済学―社会科学で今を読み解く」の共通テーマに対して、「国家ビジョンの再構築」と題する論考は、どう考えても不釣合いだった。そうは言っても、書くのは楽しかった。戦前昭和の政治社会史を理解した気になっていたからである。

連載執筆と前後して、新潮社の今泉眞一氏から連絡があった。『昭和史の逆説』（新潮新書、二〇〇八年）で新潮社にはお世話になった。すぐにお話をうかがった。一九三〇年代の日本外交をテーマとする新潮選書のお誘いである。正直なところ、頭のなかは政治史と社会史で一杯だった。外交史に関しては何のアイデアも浮かばなかった。「書けません」と言いそうになった。それでもあきらめようとしない今泉氏の情熱に根負けして、苦し紛れの思いつきを話した。「おもしろいです」。この一言に励まされて、決意を固めた。

つぎの瞬間、後悔した。すでにこちらからお願いして、連載記事をもとに、講談社現代新書と講談社選書メチエの出版が決まっていたからである。しかし今さら後には引けない。三冊同時進行の難行が始まった。

苦しかった。毎週金曜日に三冊の一週間分の原稿を届けなくてはならなかったからである。なぜ自分で自分の首を絞めるような約束をしたのか。こうでもしなければどうせ書かないだろう、と別の私が言う。そうにちがいなかった。

二〇一〇年の年末から二〇一一年の年始はほとんど休みなく書き続けた。本書の原稿だけで一週間に四七枚（一枚四〇〇字）の自己ベストを記録した。そうすると、苦しいながらも三冊同時進行の相乗効果を実感できるようになった。三冊の相互連関によって、昭和戦前史の全体像がくっきりとその姿を現わした。この全体像を三冊に分けて本にしたい。そう思った時、「昭和史三部作」と勝手に名づけることにした。以上が本書の成立の経緯である。

本書は私にとって区切りとなる一〇冊目の単著である。ここであらためて読者に感謝の気持ちを表したい。これまでの九冊は、少数ではあるけれども熱心な読者に支えていただいた。ご不満やご批判も多々あったかと想像する。通説をくつがえすことに急で、勇み足が多い。過去と現在の歴史的な比較が単純すぎる。あるいはずばり、わかりにくい。

反省している。ご指摘のとおりである。それでも読者の皆さんを「同志」と呼ばせていただきたい。直接、お目にかかることはないかもしれない。それでも私たちは新しい日本近代史像を作る「同志」である。

もうひとりの「同志」、今泉眞一氏に厚くお礼を申し上げる。一冊の本になる見込みはなかった。何度も挫けそうになった。しかし今泉氏の魔法の言葉、「おもしろいです」が不可能を可能にした。誰も理解してくれないのではないか。そんな自己懐疑の影が差す時、必ず救い出して下さった今泉氏に繰り返し深く感謝の気持ちを表したい。

二〇一一年四月

井上寿一

新潮選書

戦前《せんぜん》日本《にほん》の「グローバリズム」——一九三〇年代《ねんだい》の教訓《きょうくん》

著　者………………井《いの》上《うえ》寿《とし》一《かず》

発　行………………2011年5月25日

発行者………………佐藤隆信
発行所………………株式会社新潮社
〒162-8711 東京都新宿区矢来町71
電話　編集部 03-3266-5411
読者係 03-3266-5111
http://www.shinchosha.co.jp
印刷所………………株式会社三秀舎
製本所………………加藤製本株式会社

乱丁・落丁本は、ご面倒ですが小社読者係宛お送り下さい。送料小社負担にてお取替えいたします。
価格はカバーに表示してあります。

ISBN978-4-10-603678-1 C0331